KB017488

판권

《스레드》는 북저널리즘이 만드는 종이 뉴스 잡지다.
북저널리즘은 2017년 서울에서 출판물로 시작해 디지털,
정기 구독, 커뮤니티, 오프라인으로 미디어 경험을
확장하고 있다. 《스레드》는 이달에 꼭 알아야 할 비즈니스,
라이프스타일, 글로벌 이슈를 선별하고 정제하고 해설한다.
19호는 2024년 1월 8일 발행됐다. 이연대, 신아람, 김혜림이
쓰고 편집했다. 들어가며, 마치며는 신아람이 썼다. 커버
사진은 2023년 12월 17일 미국 네바다주 리노에서 열린
유세 집회에서 도널드 트럼프 전 미국 대통령이 연설하는
모습이다. 출처는 Justin Sullivan, Getty Images이다. 이
책의 발행처는 주식회사 스리체어스(threechairs)이고,
등록번호는 서울중, 라00778이다. 주소는 서울시 중구
퇴계로2길 9-3 B1, 이메일은 thread@bookjournalism.com,
웹사이트는 bookjournalism.com이다. 이 책에 수록된 글과
그림을 이용하려면 반드시 저작권자와 ㈜스리체어스의
동의를 받아야 한다.

《스레드》는 이달에 꼭 알아야 할 비즈니스, 라이프스타일, 글로벌 이슈를 선별하고 정제하고 해설한다.

목차

들어가며

2023년 12월과 2024년 1월의 스레드는 한 권으로 묶였다.
한 해의 끝과 시작을 잡지 한 권으로 해설할 수 있다니 묘한
일이다. 2024년은 2023년의 후반전이 될 전망이다. 2023년이
워낙에 대단한 해였기 때문이다. 선거, AI, 인플레이션이
키워드다. 이번 《스레드》는 세 가지 키워드를 둘러싼
2023년의 맥락과 2024년의 전망을 담았다. 2024년, 40개국의
40억 명 이상이 투표장으로 향하게 된다. 원치 않아도 정치와
선거에 관한 담론이 2024년 내내 들려올 것이다. 다만, 그
담론들이 복잡하고 지루하지는 않을 듯하다. 오히려 충격적일
가능성이 크다. 정치가 예전 같을 수 없어서 그렇다. 이 세계의
패러다임이 달라졌다. 생성형 AI와 인플레이션이 원인이다.
담론의 생산과 일터의 권력관계가 뒤틀린다. 생성형 AI
때문이다. 모든 것이 비싸지고 모두가 가난해진다. 전쟁
때문이다. 유권자의 선택에 따라, 혹은 그 선택과 관계없이
2024년에는 우리가 익숙했던 세계와는 매우 다른 세상이
시작된다. 2023년 12월과 2024년 1월을 한 권에 담은 이번
《스레드》가 그 '다른 세상'을 전망한다.

익스플레인드

우리에겐 '해설(explained)'이 필요하다. 세상에 정보는
너무 많고 맥락은 너무 적다. 똑똑한 사람들이 정말 중요한
이슈를 따라잡기가 점점 어려워지고 있다. 그래서 《스레드》는
세계를 해설한다. 복잡하고 경이로우며 빠르게 변화하는
세상을 이해하는 데 필요한 통찰을 제공한다. 지금 무슨 일이
벌어지고 있는지 알리는 데 그치지 않고 그 일이 일어난
이유와 맥락, 의미를 전한다.

세계 최초의 AI 선거

아르헨티나 대선 결선 투표가 11월 19일 열렸다. 좌파 집권당의 경제부 장관 세르히오 마사 후보와 '아르헨티나의 트럼프'로 불리는 극우 하비에르 밀레이 후보가 맞붙었다. 밀레이 후보가 56퍼센트의 득표율로 당선됐지만, 선거 직전까지 여론 조사에서 두 후보는 초접전을 벌였다. 그만큼 막판 선거 캠페인이 중요했다. 그리고 그 중심에 AI가 있었다. 이번 아르헨티나 대선은 세계 최초로 AI가 전면에 나선 선거다. 이연대가 썼다.

WHY NOW

2024년은 지구 선거의 해다. 전 세계 40억 명이 투표권을
행사할 전망이다. 미국, 인도, 영국, 대만, 멕시코 등 주요
국가에서 대선과 총선이 일제히 열린다. 우리나라도 4월에
총선을 치른다. 이번 아르헨티나 대선 캠페인을 살펴보면
앞으로의 선거가 어떤 모습일지 짐작할 수 있다. AI는 선거를
어떻게 바꿀까. 민주주의는 지속 가능할까.

부에노스아이레스를 뒤덮은 포스터

2023년 11월 아르헨티나의 수도 부에노스아이레스의 거리가
정치 포스터로 뒤덮였다. 집권당의 대선 후보인 세르히오
마사가 약장이 달린 푸른 셔츠를 입고 팔을 뻗어 푸른 하늘을
가리키고 있다. 마사를 둘러싼 군중이 엄숙한 표정으로 그를
바라보고 있다. 포스터 상단에는 이런 문구가 적혀 있다.
"마사를 대통령으로. 정의주의자에게 투표하세요."

구스타프 클루시스의 재림

이 포스터는 마사의 선거 캠프 직원이 생성형 AI로 만들었다.
제작 방법은 간단하다. 미드저니(Midjourney) 같은 생성형
AI 서비스에 접속한다. 원하는 이미지를 텍스트로 묘사한다.
"구스타프 클루시스가 그린 듯한 소련 정치 포스터에 지도자
마사가 굳건히 서 있다. 통합과 힘의 상징이 화면에 가득하다.
권위와 결단력이 느껴진다." 10초 안에 고퀄리티 이미지가
생성된다.

아르헨티나 대선 후보 세르히오 마사의 선거 캠프 직원이 AI로 제작한
이미지. 사진: @IAxlaPatria, X

딥페이크 공방

AI로 포스터만 만들면 다행이다. 가짜 뉴스도 만든다. 선거를 앞둔 11월 초 소셜 미디어에 마사 후보가 코카인을 흡입하는 영상이 올라와 논란이 됐다. 알고 보니 AI로 합성한 가짜 영상이었다. 마사 진영도 반격에 나섰다. 밀레이 후보는 장기 매매 허용을 주장해 왔는데, 한 영상에서 밀레이가 "장기의 경제적 잠재력을 생각하면 출산은 투자입니다"라고 말한다. 물론 가짜 영상이었다.

선거판의 기술자들

아르헨티나 대선에서 두 후보 캠프와 지지자들은 생성형 AI를 사용해 순식간에 정치 선전물을 만들고, 기존 이미지와 영상을 조작하고, 소셜 미디어로 퍼트리고 있다. 몇 년 전까지만 해도 딥페이크나 이미지 조작으로 선거에 영향을 미치는 일은 공상 과학 영화 속 이야기처럼 들렸지만, 이제 AI 기술의 비용 감소로 디지털 기기만 있다면 누구나 선거판의 기술자가 될 수 있다.

남미만의 일이 아니다

정치가 혼탁한 지역에서만 벌어지는 일이 아니다. 2023년
6월 캐나다 토론토 시장 선거에서 한 후보가 노숙자로
가득한 시내 이미지를 AI로 만들었다. 이 후보는 노숙자를
없애겠다고 공약했는데, 자신이 당선되지 않으면 도시가
황폐해질 거라는 얘기였다. 미국 공화당도 2023년 4월 바이든
대통령이 연임하면 벌어질 일이라면서 AI로 디스토피아적
영상을 만들어 광고로 내보냈다.

진짜도 믿지 않는다

생성형 AI로 인한 문제는 가짜 뉴스에 그치지 않는다.
딥페이크 기술이 등장하면서 진짜마저 가짜로 의심하게
한다. 극단적인 예가 아프리카 가봉에 있었다. 투병 생활로
두문불출하던 가봉 대통령이 오랜만에 2019년 신년 인사
영상에 등장했다. 그런데 몸짓과 말투가 좀 어색했다. 군부는
이 영상을 대통령이 병상에 누워 있는 걸 숨기려고 만든
딥페이크 영상이라 판단하고 쿠데타를 일으켰다.

가봉 대통령 알리 봉고 온딤바가 2018년 12월 신년 인사 영상에 등장했는데 딥페이크 영상이라는 의혹이 일었다. 사진: Washington Post 유튜브 캡처

기술은 법보다 빠르다

주요 국가의 선거법에는 생성형 AI에 대한 규제가 아직 없다. 기술 발전이 너무 빨라서다. 한국도 마찬가지다. 허위 사실만 아니면 단속하지 않는다. 미국도 이제서야 AI 딥페이크 규제를 검토하고 있다. 정치권 싸움에 불똥이 튈까 우려하는 소셜 미디어는 자체 규정을 내놨다. 메타는 정치 광고에 AI 사용 여부를 공개하도록 하겠다고 밝혔다. 그러나 AI로 정치 게시물을 만들어도 광고만 아니면 AI 사용 여부를 공개할 의무는 없다.

현재 AI 선거 운동을 비판하는 지점은 주로 가짜 뉴스 생산에 집중돼 있지만, 사실 선거 역사상 흑색선전은 한 번도 사라진 적이 없다. 지금 후보자 캠프나 지지자들이 올리는 AI 콘텐츠에는 AI를 이용해 만들었다는 라벨이 붙어 있거나, 후보자를 영화 캐릭터와 합성한 밈이 대부분이라 웬만한 유권자는 실제 상황으로 받아들이지 않는다. AI 선거 운동의 진짜 문제는 과거 선거 캠프의 디자인팀에서 며칠간 만들어야 했던 콘텐츠를 단 몇 분 만에 만들어 낼 수 있다는 것이다. 부동층 유권자의 인터넷 사용 데이터를 보유한 마케팅 회사와 생성형 AI가 결합하면 선거 결과를 좌우할 수 있다. 특정 정책별로, 취향별로, 관심사별로, 지역별로 AI 콘텐츠를 만들어 특정 유권자층에만 배포할 수 있다. 예를 들어 낙태에 강력히 반대하는 사람에겐 후보자의 단호한 반대 메시지를 보여 주고, 찬성도 반대도 아닌 사람에겐 모든 입장이 타당하다는 일견 합리적으로 보이는 메시지를 줄 수도 있다. 개별 유권자마다 후보자의 메시지가 달라진다면 그건 맞춤형 선거 운동이 아니다. 새로운 형태의 댓글 조작이다.

대만 총통과 양안 관계

2024년 1월 대만 총통 선거를 앞두고 야권 후보가 단일화에
실패했다. 제1야당 국민당과 제2야당 민중당 후보는
2023년 11월 24일 각각 후보 등록을 마쳤다. 전날까지 후보
단일화를 논의했지만 여론 조사 적용 방식 등 세부 사항에서
합의점을 찾지 못했다. 무소속 후보였던 폭스콘 창업자
궈타이밍은 출마를 포기했다. 이로써 대만 총통 선거는
여당 민주진보당(민진당) 후보와 두 야당 후보의 3파전으로
치러지게 됐다. 이연대가 썼다.

대만 해협의 긴장이 심화하고 있다. 민진당의 친미 후보냐, 국민당의 친중 후보냐. 대만 총통 선거에서 누가 당선되느냐에 따라 대만과 중국의 관계가 달라진다. 미국과 중국의 관계가 달라진다. 동아시아를 넘어 전 세계의 외교, 안보 지형이 달라진다. 장제스부터 차이잉원까지, 역대 대만 총통을 통해 양안 관계의 굴곡을 살펴보고, 2024년 총통 선거를 전망한다.

2023년 11월 24일 대만 타이베이에서 국민당 지지자가 대만 국기를 흔들고 있다. 사진: Annabelle Chih, Getty Images

장제스

대만과 중국은 하나였다. 지금도 공식적으로는 하나다.
20세기 중반까지 중국 국민당과 공산당은 중국 본토를 두고
내전을 벌였다. 공산당이 이겼다. 1949년 장제스가 이끄는
국민당은 중국 본토를 떠나 대만으로 도망친다. 일본 식민
지배를 받은 타이완섬에는 일본이 두고 간 인프라가 있었고,
공산당 세력도 적었다. 장제스는 중국 본토를 수복하기
전까지 대만에 임시로 머물기로 했는데, 이게 현재까지
이어졌다.

1945년 장제스(왼쪽)와 마오쩌둥이 만났다. 사진: 위키피디아

장징궈

장제스는 1975년 사망할 때까지 대만을 통치했다. 장제스 사후 장남인 장징궈가 총통에 오른다. 장제스는 중국 본토 수복을 평생의 과업으로 삼았다. 정작 대만 내정은 살피지 않았다. 1970년대 대만은 국제 사회에서도 고립되고 있었다. UN은 중공이 중국을 대표하는 유일한 합법 정부라고 인정했다. 장징궈는 내정에 집중하는 한편, 현실성 없는 무력 통일 대신 평화 통일을 내세웠다. 이산가족 상봉 같은 민간 교류를 허용하면서 양안 관계를 조금씩 개선했다.

리덩후이

1988년 장징궈가 사망했다. 부총통이던 리덩후이가 총통직을 승계했다. 리덩후이는 대만 최초의 본성인 총통이다. 중국에서 태어나 장제스와 함께 대만으로 건너온 게 아니라, 그 전부터 대만에 살던 한족의 후손이다. 리덩후이에겐 본토 수복보다 대만 주권 확립이 더 중요했다. 1992년 국민당과 공산당은 92공식에 합의한다. "하나의 중국 원칙을 견지하되, 그 표현은 양안 각자의 편의대로 한다." 대만은 중국과의 군사적 긴장을 낮추고, 국제적 지위를 높일 수 있었다.

천수이볜

2000년 대만 정치 역사상 최초로 정권 교체가 이뤄진다. 국민당의 유력 후보가 무소속으로 출마하면서 국민당 표가 갈렸다. 민진당 천수이볜 후보가 총통에 당선된다. 민진당은 92공식을 거부하고 대만 공화국 건설을 당 강령으로 삼고 있다. 천수이볜은 집권 기간 내내 '하나의 중국'에 반대하고 '대만 독립'을 주장했다. 당연히 중국과의 관계가 좋을 리 없었다. 2005년 중국은 대만이 독립을 시도하면 비평화적인 방법을 동원할 수 있다는 반분리법을 만든다.

마잉주

2008년 국민당이 다시 집권하면서 양안 관계가 화해 국면에 진입한다. 2008년 1월 입법원 선거에서 국민당이 다수당이 되고, 3월 총통 선거에서 국민당 후보 마잉주가 총통에 당선된다. 마잉주는 통일이나 독립보다 경제 교류에 주력했다. 연임에 성공해 8년간 친중국 정책을 펼쳤는데, 정작 중국 경제 성장의 혜택을 입지 못했다. 오히려 중국인의 대만 이민을 무제한 허용하면서 집값이 폭등했다. 임기 말이던 2015년에는 지지율이 9퍼센트까지 떨어졌다.

차이잉원

2016년 다시 민진당이 정권을 잡는다. 최초의 여성 총통 차이잉원이 당선됐다. 차이잉원은 민진당 내에서 중도로 분류된다. 차이잉원은 '하나의 중국'을 인정하지 않는다. 그렇다고 대만 독립을 명시적으로 추진하지도 않는다. 사실상 독립해 있는 현재 상태를 유지하면서 국제 사회에서 대만의 위상을 높이는 데 주력했다. 그러다 2017년 트럼프가 등장한다. 트럼프는 대놓고 '하나의 중국' 원칙을 흔든다. 차이잉원은 미국 쪽으로 확실하게 노선을 옮긴다.

라이칭더

2024년 1월 열릴 총통 선거에서 야당인 국민당과 민중당은 후보 단일화에 실패했다. 여당인 민진당의 라이칭더 후보는 지금 표정 관리 중이다. 라이칭더는 차이잉원보다

더 급진적인 대만 독립파다. 야당은 그를 '대만 독립의
골든차일드'라고 부른다. '대만의 아들' 천수이볜을
연상시키는 별명이다. 야당은 라이칭더가 당선되면 대만
독립을 추진해 중국과 갈등이 심해질 것이라고 주장한다.
라이칭더도 이를 의식해 '현상 유지'를 강조하고 있지만,
실제로 집권하면 태도를 바꿀 수 있다.

2023년 12월 라이칭더 민진당 총통 후보(왼쪽)가 대만 남부 타이난에서
선거 유세를 벌이고 있다. 사진: 라이칭더 페이스북

IT MATTERS

선거 구도상 민진당의 라이칭더 후보가 유리한 상황이다.
여론 조사에서도 근소한 차이지만 1위를 지키고 있다.

중국으로서는 가장 막고 싶은 후보가 총통이 될 수 있다. 선거가 가까워질수록 중국은 라이칭더 후보를 비판하고 국민당 후보를 띄울 것이다. 민진당이 3연속 총통 선거에서 승리하면 중국의 인내심이 바닥나 전쟁 위험이 커질 수 있다고 압박할 것이다. 또한 2010년 체결한 경제협력기본협정(ECFA)을 파기할 수 있다는 메시지도 흘릴 것이다. 대만의 대중국 무역 의존도는 40퍼센트에 달한다. 민진당 후보를 뽑으면 대만이 경제적으로 어려워진다고 압박하는 것이다.

미국은 대만 해협에 '이중 억제' 전략을 써왔다. 중국과 대만의 일방적인 현상 변경에 반대하는 전략이다. 미국은 전략적 모호성을 유지하면서도 중국 견제를 위해 대만을 포기할 수 없다. 적극적인 선거 개입은 하지 않아도 중국의 선거 개입 시도는 차단할 방침이다. 한편 2024년 11월 미국 대선이 열린다. 대만에선 라이칭더가 당선되고, 미국에선 트럼프가 당선되면 무슨 일이 벌어질지 모른다. 트럼프 정부는 미국 국내 문제를 우선하며 대만 등 세계 다른 지역에 대한 개입을 줄일 가능성이 크다. 이 틈을 중국이 놓치지 않을 것이다.

트럼프가 재집권하면

2024년 11월 미국 대통령 선거가 열린다. 민주당과 공화당은 올해 초부터 대선 경선을 진행할 예정이지만, 대진표는 사실상 확정됐다. 바이든 대 트럼프다. 현재 트럼프가 앞서간다. 지난 12월 15일 미국 정치 전문 매체 〈더 힐〉이 미국 전역에서 실시된 497개 여론 조사의 평균을 집계한 결과, 트럼프 전 대통령의 평균 지지율(43.7퍼센트)이 바이든 대통령(41.8퍼센트)보다 1.9퍼센트포인트 높았다. 이연대가 썼다.

"2024년, 세계가 직면한 가장 큰 위험은 트럼프다." 영국 《이코노미스트》는 지난해 11월 내년 세계정세를 전망한 특별호에서 이렇게 진단했다. 그러면서 트럼프 집권 2기가 세계 각국 의회와 기업을 절망에 빠트릴 것이라고 예상했다. 트럼프조차 자신이 당선될 줄 모르고 있다가 덜컥 집권했던 트럼프 1기는 좌충우돌의 연속이었다. 2기는 다를 것이다. 훨씬 더 조직적이고 전략적일 수 있다. 2024년 트럼프가 재집권에 성공하면 미국과 세계는 어떤 모습일까.

프로젝트 2025

2017년 1월 20일 트럼프는 취임식을 마치고 대통령 집무실로 들어섰다. 참모진과 첫 회의를 열었다. 그 자리에 있던 언론 비서관 마크 로터는 이내 깨달았다. "우리는 타이태닉만큼 커다란 정부라는 배를 움직일 준비가 되어 있지 않았다." 트럼프 1기는 준비 없이 출항했다. 정책은 다듬어지지 않았고, 정책을 집행할 인력도 부족했다. 취임 6개월이 되도록 고위직의 68퍼센트를 후보자 지명조차 하지 못했다. 2기는 다를 것이다. 공화당 강경파 MAGA(Make America Great Again)와 트럼프 측근은 이미 트럼프 2기를 준비하고 있다. 이들은 보수 성향의 싱크탱크 헤리티지재단과 함께 920쪽 분량의 보고서 '프로젝트 2025'를 펴냈다. 2025년 정권 교체 첫날부터 시행할 구체적인 정책 계획을 담았다. 트럼프 철학에 맞는 인력 풀도 꾸리고 있다.

2023년 12월 17일 미국 네바다주 리노에서 열린 유세 집회에서 도널드 트럼프 전 미국 대통령이 연설하고 있다. 사진: Justin Sullivan, Getty Images

동맹은 없다

트럼프는 동맹국에 중상주의적 태도를 취한다. 1기 집권

때 트럼프는 전통적인 우방인 유럽 연합(EU)을 "미국의 적"이라고 비판했다. EU가 NATO 분담금을 제대로 내지 않아 미국이 손해를 본다는 이유였다. 트럼프 2기는 손해 보는 장사인 NATO를 탈퇴하거나 사실상 탈퇴에 준하는 수준으로 거리를 둘 것이다. 트럼프는 1기 집권 중 여러 차례 NATO 탈퇴를 언급했지만 실행에 옮기지는 못했는데, 그때마다 동맹의 가치를 설파하며 트럼프를 만류한 인사들이 있었기 때문이다. 짐 매티스 국방부 장관, 렉스 틸러슨 국무부 장관 등이다. 그러나 이들은 트럼프의 마음을 바꾼 게 아니다. 잠시 막았을 뿐이다. 2기에는 이런 안전핀이 없다. 트럼프가 동맹국에 품고 있던 악의가 정책이 될 것이다. 트럼프 정부에서 백악관 국가안보보좌관을 지낸 존 볼턴은 말한다. "첫 임기 동안 그가 끼친 피해는 회복 가능했다. 그러나 두 번째 임기의 피해는 회복 불가능할 것이다."

백악관과 내각

2019년 러시아 게이트를 조사한 로버트 뮬러 특별 검사의 보고서는 트럼프의 반헌법적 명령이 어떻게 무산됐는지를 잘 보여 준다. 백악관 비서실장, 법무부 장관, FBI 국장 등

고위직들은 트럼프의 명령을 따르지 않거나 조직적으로 저항했다. 트럼프 1기 때는 백악관과 내각의 합리적인 어른들이 트럼프의 거친 생각을 완화하고 막아서고 때로는 번복하게 했다. 그런데 이제 이런 어른이 없다. 트럼프와 싸우고 나가거나, 수치심을 느껴 나가거나, 해고됐다. 트럼프 진영의 참모들은 1기 정부에서 균형추 구실을 했던 보수 인사를 방해꾼으로 여긴다. 트럼프 2기는 직업 관료 대신 트럼프에게 충성하는 MAGA 위주로 내각을 채울 것이다. 이미 MAGA판 링크드인을 만들고 있다. 내각이 MAGA로 채워지면 트럼프의 극단적인 정책이 실현될 가능성이 크다.

연방 정부

트럼프 2기는 연방 정부도 손볼 계획이다. 1기 집권 초기에 연방 정부 주요 기관의 기관장과 고위직 임명이 늦어지면서 그 밑에 있는 공무원들이 정책을 판단하게 됐는데, 이들이 트럼프 의제에 태업을 부려서 트럼프 정부가 어려움을 겪었다는 이유다. 트럼프는 이런 공무원들을 '딥 스테이트(deep state, 공화당 일부에서 주장하는 정부 내 민주당 비밀 권력 집단)'라 부르며 없애고 싶어 하는데, 연방 공무원은 명백한 사유 없이 해고할 수 없다. 그래서 트럼프 진영은 재집권에 성공하면 '스케줄 F'라는 행정 명령을 시행할 계획이다. 정책 추진에 어느 정도 영향을 미칠 수 있는 연방 공무원은 약 5만 명인데, 이들을 스케줄 F 직군으로 분류하고, 이 직군은 언제든 해고할 수 있도록 하는 것이다. 즉 트럼프 의제에 부정적인 공무원을 정리할 수 있게 된다. 실제로 트럼프는 1기 임기 말에 이 행정 명령을 발동했지만, 바이든 정부가 들어서면서 폐기된 바 있다.

반이민

트럼프 2기는 미국 역사상 가장 강력한 반이민 정책을 예고하고 있다. 미국에 정착한 지 수십 년이 된 사람들을 포함해 불법 이민자 100만 명 이상을 추방할 계획이다. 입국 절차를 대폭 강화해 이슬람, 중동, 중남미 등 일부 국가 출신과 공산주의자들의 미국 입국을 금지하는 방안도 검토하고 있다. 또한 불법 이민자가 미국에서 낳은 자녀에게 시민권을 부여하지 않는 정책도 예고됐다. 미국 헌법상 미국 영토에서 태어난 사람에게는 자동으로 시민권이 부여되는데, 이걸 막겠다는 얘기다. 위헌 소지가 있지만, 트럼프 진영은 연방 대법원이 보수 우위라 승산이 있다고 보고 있다. 1기 때 이민 정책을 총괄한 스티븐 밀러 전 백악관 고문은 "이민 시스템 보호에 열광적인 사람들에게 트럼프 2기 출범 후 첫 100일은 행복 그 자체가 될 것"이라고 했다.

사법

트럼프 2기의 사법 정책은 누구나 예상할 수 있다. 트럼프 진영이 워낙 공공연하게 말하고 다니기 때문이다. 트럼프는 정치 보복을 공개적으로 예고하고 있다. "사법 당국을 무기화할 수 있다"거나 "바이든이 우리에게 하고 있듯, 다시 대통령이 된다면 사람들을 감옥에 집어넣겠다"고 공언한다. 법무부 장관 후보로 거론되는 트럼프의 측근 마이크 데이비스는 우파 유튜브에 나와서 "워싱턴에 지옥불을 내릴 것"이라면서 "조 바이든, 헌터 바이든, 제임스 바이든, 다른 모든 쓰레기들을 기소할 것"이라고 말한 바 있다. 또한 트럼프는 대통령의 권한을 자신이 걸려 있는 사건을 해결하는 데 쓸 것이다. 트럼프는 대선 결과 조작, 성추문 입막음, 기밀 문서 유출 등 91개 혐의로 4차례 기소된 상태다. 그중 2개가 연방 기소다. 트럼프가 당선되면 MAGA를 법무부 장관에 앉혀 연방 수사를 담당하는 특별 검사를 해임하거나 기소를 철회할 수 있다. 또한 주 정부의 기소는 대통령 임기인 2029년까지 중단돼야 한다고 주장할 가능성이 크다.

관세와 기후

무역 전쟁도 예상된다. 트럼프가 보기에 미국은 세계 무역에서 손해를 보고 있다. 트럼프는 재집권하면 모든 수입품에 10퍼센트의 관세를 매기겠다고 밝혔다. 미국의 평균 관세는 3퍼센트인데, 이를 세 배 이상 올리겠다는 것이다. 세계 무역 장벽이 더 높아지고, 인플레이션이 악화할 수 있다. 기후 정책도 후퇴할 것이다. 트럼프는 기후 변화를 믿지 않는다. 기후 변화가 "존재하지 않는다"거나 "비용이 많이 드는 사기"라고 말해 왔다. 트럼프 1기였던 2019년 미국은 기업 활동에 방해가 된다는 이유로 파리 기후 협정에서 탈퇴했다. 이후 바이든 정부가 들어서면서 복귀했다. 트럼프 2기는 다시 기후 협정에서 탈퇴할 것이고, 미국이 참여하지 않는다면 또 다른 강대국이 형평성을 이유로 불참할 수 있다. 또한 트럼프 2기는 청정 에너지 투자를 줄이고 화석 연료 생산을 확대할 방침이다.

트럼프는 변하지 않았다. 변한 것은 주변 환경이다. 집권 1기 때 트럼프를 견제했던 공화당 원로는 사라졌고, MAGA 세력이 공화당 주류가 됐고, 연방 대법원은 보수화됐다. 트럼프 1기의 거친 생각이 트럼프 2기에선 현실이 될 가능성이 크다. 미국의 한반도 정책도 크게 바뀔 것이다. 한국이 부담하는 주한 미군 주둔 비용은 약 1조 원인데, 트럼프 1기는 5배 인상을 요구한 바 있다. 그때도 마이크 폼페이오 전 국무부 장관이 "두 번째 임기의 우선 과제로 하자"며 트럼프를 만류했다. 트럼프 2기가 출범하면 주한 미군 방위비 문제가 다시 불거지는 건 물론이고 윤석열 정부가 최대 외교 성과로 내세웠던 '워싱턴 선언'과 한·미·일 3자 안보 공조가 없던 일이 될 수 있다. 또 트럼프가 김정은과 대화 재개를 시도할 경우, 한국이 배제된 상태에서 미국과 북한이 북핵 담판을 짓는 상황이 벌어질 수 있다.

효과적 가속주의 vs. 효과적 이타주의

샘 올트먼이 돌아왔다. 오픈AI 이사회에 의해 회사에서
해고된 지 5일 만에 CEO로 복귀했다. 쿠데타에 가담했던
이사들은 모두 해임됐다. 올트먼이 쫓겨난 이유는 밝혀지지
않았지만, 그가 AI의 급진적인 상용화를 추진했기 때문이라는
평가가 많다. 비영리 단체인 오픈AI는 올트먼 재집권 이후
각종 영리사업에 더 공격적으로 나설 가능성이 크다.
이연대가 썼다.

오픈AI 혼란의 중심에는 철학적 충돌이 있다. AI가 인류를 진보시킨다는 효과적 가속주의와 AI가 인류를 멸망시킬 수 있다는 효과적 이타주의의 충돌이다. 전자는 AI가 인류의 다음 진화 단계라고 믿는다. 후자는 AI가 희귀 광물은 많지만 까딱하면 지구로 날아올 수 있는 혜성이라고 믿는다. 이번 쿠데타에서는 전자가 승리했다. 그러나 앞으로 더 많은 전투가 남아 있다. 오픈AI의 짧은 역사를 따라가며 두 진영의 대결을 살펴본다.

2023년 5월 24일 샘 올트먼 오픈AI 최고 경영자가 영국 런던을 방문했을 때 오픈AI의 일반 인공지능 개발 목표에 반대하는 시위가 벌어졌다.
사진: Wiktor Szymanowicz, Future Publishing, Getty Images

종차별주의자

일론 머스크와 래리 페이지는 절친한 사이였다. 2013년 나파 밸리에서 열린 머스크의 생일 파티에서 말싸움을 벌이기 전까지는 말이다. 주제는 AGI(Artificial General Intelligence, 일반 인공지능)였다. 페이지는 AGI가 인간을 대체할 수 있다고 주장했다. 인간의 의식이 복제된 기계라면 인간만큼 소중하다는 논리였다. 머스크도 이날만큼은 일반인과 생각이 비슷했다. 그는 안전장치를 준비하지 않으면 AGI가 인류를 멸망시킬 수 있다고 반박했다. 페이지는 머스크가 자신의 종만, 그러니까 인간만 우월하게 여기는 '종차별주의자'라고 비난했다. 머스크가 말했다. "그래. 나 친인류다. 인류 존X 좋아(Yes, I am pro-human, I fucking like humanity, dude)."

효과적 가속주의

래리 페이지 같은 사람을 효과적 가속주의(Effective Accelerationism·e/acc)자라고 한다. 기술과 자본의 힘을 극한까지 사용해 '어떤 대가를 치르더라도' 급진적인 사회 변화를 주도하자는 개념이다. 효과적 가속주의는

실리콘밸리의 신흥 종교에 가깝다. 기술을 신봉하는
그들은 실리콘으로 의식까지 만들어 낼 수 있다고 믿는다.
그게 AGI다. 나파 밸리에서 둘이 다툰 이듬해인 2014년,
래리 페이지의 구글은 딥마인드(DeepMind)를 인수한다.
알파고를 만든 그 회사다. 딥마인드는 당시 전 세계 AI
개발자의 4분의 3을 장악하고 있었다. '친인류' 머스크는
AI의 미래를 페이지가 좌우하는 걸 막기 위해 2015년 샘
올트먼 등과 함께 오픈AI를 설립한다. 인류에게 이익이 되는
방향으로 AI를 개발하기로 한다.

효과적 이타주의

효과적 가속주의의 정반대 지점에 효과적 이타주의(Effective
Altruism·e/a)가 있다. 단순히 좋은 일을 하는 데 그치지
않고 가장 효과적으로 좋은 일을 하는 방법을 찾아야 한다는
개념이다. 다르게 말하면 엄청나게 많은 돈을 벌어서 그
돈으로 세상을 더 나은 방향으로 바꾸자는 주의다. 이 진영을
이끌던 사람 중 하나가 암호 화폐 거래소 FTX를 세운 샘
뱅크먼-프리드다. 최근 사기 혐의로 재판에 넘겨져 최대
110년형을 받을 수도 있는 사람이다. 효과적 이타주의자들은

AGI가 인류의 미래를 파괴할 위험이 있기 때문에 안전장치를 시급히 마련해야 한다고 믿는다. 그래서 이들은 AGI의 폭주를 막을 프로젝트에 연구비를 지원해 왔다. 대표적인 곳이 오픈AI다.

슈퍼얼라인먼트

올트먼 해임 사태 전까지 오픈AI 이사회는 6명이었다. 그중 3명이 효과적 이타주의자로 분류된다. 그중 하나인 일리야 수츠케버가 이번 쿠데타를 주도했다. 수츠케버는 오픈AI 공동 설립자이자 수석 과학자다. 올트먼이 상업용 AI에 집중한다면, 수츠케버는 안전장치에 집중한다. 수츠케버는 오픈AI에서 슈퍼얼라인먼트(superalignment) 팀을 이끌어 왔다. 팀 이름처럼 사용자의 의도와 AGI의 행동을 정렬시키는 팀이다. 인간의 가치와 목표를 이해할 수 있는 AGI를 개발하고, AGI가 인간이 정한 목표를 벗어나지 않고 일관되게 작동하도록 보장하는 방법을 연구한다. 즉 AGI의 오작동을 방지하는 연구를 하는데, 여기에 회사 컴퓨팅 자원의 최대 20퍼센트를 투입한다.

영화 〈돈 룩 업〉 포스터. 사진: IMDb

Don't Look Up

인류 역사의 최대 진보가 될 수도 있고, 멸망이 될 수도 있는 AGI는 그럼 언제쯤 등장할까. 몇 년 전까지만 해도 전문가들은 2100년은 돼야 한다고 내다봤다. 그런데 2023년 들어 그 시기가 2032년까지 앞당겨졌다. 효과적 이타주의자들에겐 인류 멸망을 막을 시간이 8년밖에 남지 않았다. 영화 〈돈 룩 업〉과 비슷한 상황이다. 지구를 향해 혜성이 날아오고 있는데, 의사 결정권자는 혜성의 광물 자원에만 관심을 두고 있다. 챗GPT는 오픈AI의 히트 상품이지만, 수츠케버에겐 자신과 조직의 미션 달성을 가로막는 장애물에 가깝다. 올트먼은 기술 대기업과 협업해 AI 제품과 서비스 출시를 준비해 왔는데, 수츠케버 입장에선 안전장치 개발에 투입해야 할 소중한 인적, 물적 자원이 낭비되는 것이다.

오픈AI의 새 이사회

실패한 쿠데타는 숙청을 불렀다. 5일 만에 회사로 돌아온 올트먼은 쿠데타에 가담한 이사진을 모두 해임했다. 아담 디안젤로만 남겼다. 쿼라 CEO인 디안젤로는 효과적 가속주의자라고 할 수는 없지만, 그래도 개발에 속도를 내자는 편이다. 새 이사회는 올트먼과 디안젤로, 새로 선임된 이사 두 명으로 구성됐다. 새 이사는 브렛 테일러와 래리 서머스다. 이사회 의장에 선임된 브렛 테일러는 세일즈포스 공동 CEO 출신이다. 재임 당시 역대급 딜인 슬랙 인수를 성사시킨 장본인이다. 향후 공격적인 인수, 합병을 이끌 수 있다. 게다가 그는 2023년 3월 비밀리에 AI 스타트업을 창업해 벌써 2000만 달러를 투자받았다. 또 다른 신임 이사인 래리 서머스는 미국 재무부 장관 출신이다. AI의 밝은 미래를 지지하는 그는 미국과 유럽의 규제에 적절히 대응할 수 있는 로비 능력이 있다.

액셀에 발을 올린 올트먼

그동안 올트먼은 AGI 개발의 가속과 감속 사이에서 균형을 강조해 왔다. 그러나 이번 해임 소동으로 가속 쪽으로 기울 것으로 보인다. 올트먼은 스스로 어느 진영이라고 밝힌 적은 없지만, 사고방식은 효과적 가속주의자와 비슷하다. 더구나 그를 막아서던 효율적 이타주의자들도 이번에 싹 정리됐다. 해임 이틀 전 올트먼은 《뉴욕타임스》와 가진 인터뷰에서 이렇게 말했다. "실험실에서는 기술과 사회가 어떻게 공진화할지 알 수 없습니다. 모델이 할 수 있는 일과 없는 일을 말할 수는 있지만, 이 모델이 사회와 함께 어떻게 발전할지는 정확히 설명할 수 없습니다. 사람들이 뭘 하고 있는지, 어떻게 사용하고 있는지를 살펴봐야 합니다. 이건 공개하지 않고는 일어날 수 없는 일입니다." 효율적 가속주의자들은 AGI가 불러올 수 있는 위험에도 불구하고 미래를 낙관하며 하루라도 빨리 AGI를 만들고자 한다. 올트먼이 그렇다. 복귀한 올트먼은 이제 가속주의의 액셀을 밟을 것이다.

IT MATTERS

AGI를 개발하는 업계에서 자체적으로 규칙을 정해 개발
속도를 늦추는 건 현실적으로 어렵다. 실리콘밸리의
개발자들에게 윤리 의식이 부족해서가 아니다. 살펴봤듯 그들
중 다수는 AI가 인류에게 진보를 가져다줄 것이고, 위기가
있다 해도 그 위기마저 극복하게 해줄 것이라 믿기 때문이다.
동시에 그들은 아무도 하지 못한 어려운 일을 달성하고 싶어
한다. 1960년대에 인류를 달에 보내려고 했던 것처럼 말이다.
업계의 속도 조절을 기대하기 어렵다면 대신 정책 대응
속도라도 높여야 한다. 이런 걸 하라고 정부가 있고
국제단체가 있다. 무엇보다 AGI 거버넌스 구축이 시급하다.
5일간의 소동만 봐도 그렇다. 인류를 위해 AGI를 만들겠다던
사람은 AI로 장사할 생각만 하다가 쫓겨났다. AGI의 잠재적
위험에 대비해 안전장치를 달겠다던 사람은 3일 후도
예견하지 못하고 번복할 결정을 내렸다. 또한 이 사태에
조금이라도 관련된 모두가 이 난장판을 X(옛 트위터)에
생중계했다. 토론도 없고 논쟁도 없고 숙의도 없었다.

인류의 미래를 어디로 데려갈지 아직 알 수 없는 놀라운 신기술의 개발 속도를 소수의 테크 업계 명사에게만 맡겨서는 안 된다. 중대한 의사 결정을 하루 이틀 만에 뒤집는 사람들에게 인류 미래를 맡길 수는 없다. 하물며 중고 물품을 사고팔 때도 그런 사람과는 거래하지 않는다. 변덕스러운 몇몇이 AGI 개발의 속도를 결정하지 않도록 거버넌스를 하루속히 구축해야 한다. 오픈AI 혼란의 5일이 남긴 시사점이다.

세계 최초의 AI 규제법

유럽 연합(EU)이 세계 최초로 AI 규제 법안에 합의했다. 2023년 12월 8일 EU 집행위원회와 유럽 의회, 27개 회원국을 대표하는 이사회는 37시간에 걸친 마라톤 회의 끝에 'AI 법(The AI Act)'에 합의했다. AI가 시민의 안전과 기본권을 침해하지 않도록 보장하고, 규정을 지키지 않는 기업에 벌금을 부과하는 내용이다. 법안은 2024년 초 유럽 의회와 회원국의 공식 승인을 거쳐 발효될 예정이다. 이연대가 썼다.

현재 AI 시장은 크게 두 방향으로 나뉜다. 혁신 중심의 미국, 규제 중심의 유럽이다. 유럽은 미국보다 AI 기술 발전이 느렸지만, 한발 앞서 규제에 나서면서 AI 경쟁의 주도권을 가져오게 됐다. 기업은 두 가지 기준을 좋아하지 않는다. 유럽용 AI 따로, 북미용 AI 따로 개발하는 건 비효율적이다. 이번 AI 규제법은 일반 데이터 보호 규정(GDPR)처럼 글로벌 표준이 될 수 있다.

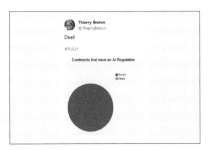

12월 8일 밤 EU가 AI 규제법에 합의하자 티에리 브르통 EU 집행위원이 X에 올린 게시물. 사진: X, @ThierryBreton

The AI Act

"Deal!(합의!)" EU가 AI 규제법에 합의한 2023년 12월 8일 밤, 티에리 브르통 EU 집행위원이 X에 글을 올렸다. EU는 AI 사용에 규칙을 설정한 최초의 대륙이 됐다. 모든 절차가 끝난 것은 아니다. 합의안은 2024년 초 유럽 의회에서 표결에 부쳐진다. 합의가 이뤄졌기 때문에 형식적인 절차가 될 것으로 보인다. 최종 합의문은 공개되지 않았다. 세부 사항은 당분간 계속 논의될 전망이다.

저위험

AI 규제법은 우리가 자동차의 안전성을 보장하기 위해 관련 법령을 두는 것처럼 AI라는 제품의 안전성을 보장하기 위해 만들어진 법이다. EU는 AI를 최소 위험, 제한적인 위험, 고위험, 허용할 수 없는 위험, 네 가지 등급으로 분류해서 각기 다른 규제를 적용한다. 스팸 메일 분류 같은 최소 위험 AI는 규제가 없다. 이미지 생성 같은 제한적 위험 AI는 콘텐츠가 AI로 만들어졌다는 사실을 공개하는 등 가벼운 수준의 투명성 의무가 적용된다.

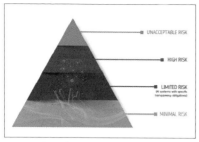

EU는 AI를 최소 위험, 제한적인 위험, 고위험, 허용할 수 없는 위험, 네 가지 등급으로 분류했다. 사진: 유럽위원회

고위험

고위험 AI는 시민의 건강과 안전, 기본권에 위협을 가할 수 있는 단계다. 필수적인 인프라(교통, 전기 등), 법 집행(증거의 신뢰성 평가), 교육 또는 채용 시험 평가(시험 채점), 필수적인 민간 및 공공 서비스(대출 실행을 위한 신용 평가), 의료(AI 로봇의 보조 수술) 등에 사용되는 AI가 여기에 해당한다. 고위험 AI 공급자는 제품과 서비스 출시 전에 적합성 평가를 받아야 한다.

허용할 수 없는(unacceptable) 위험

사용을 아예 금지하는 AI 기술도 있다. 인간의 인지 행동을 조종하거나, 정부와 기업이 AI를 사용해 개인의 '사회적 점수'를 매기는 시스템은 금지된다. 공공장소에서 법 집행을 목적으로 실시간 원격 생체 인식 기술을 사용하는 행위도 원칙적으로 금지된다. 다만 실종 아동 수색, 구체적이고 임박한 테러 위협 방지, 심각한 범죄 행위의 용의자 탐지 등에 있어서는 예외를 허용하기로 했다.

적용 범위

이번 합의안은 EU 역내에서 기업 활동을 하는 회사에만 영향을 미치는 것이 아니다. EU의 GDPR처럼 EU 거주자에게 제품과 서비스를 제공하는 모든 AI 시스템은 공급자의 위치와 관계없이 이 규정을 적용받는다. 당장 구글, MS 등 미국 빅테크가 규제 대상이다. 한국에 본사를 두고 있는 국산 AI 서비스를 프랑스 파리에 거주하는 사람이 이용하는 경우에도 이 법의 적용 대상이 된다.

처벌

AI 규제법을 어긴 기업에는 벌금이 부과된다. 미리 정한 벌금 또는 전년도 전 세계 매출액의 일정 비율 중에서 더 높은 금액을 내야 한다. 금지된 AI를 만들면 3500만 유로 또는 매출의 7퍼센트를 벌금으로 물린다. 의무를 위반하면 1500만 유로 또는 3퍼센트, 부정확한 정보를 제공하면 750만 유로 또는 1.5퍼센트를 벌금으로 부과한다. 중소기업과 스타트업은 벌금이 낮춰질 수 있다.

발효

이번에 합의된 법안은 특정 조항에 대한 일부 예외를 제외하고는 발효되고 나서 2년이 경과한 날부터 적용된다. 합의안은 2024년 초 유럽 의회와 회원국들의 공식 승인을 거쳐 발효된다. 그러니까 2026년부터 규제가 적용될 것으로 보인다. 한편 EU는 AI 모델을 감독하고 규제하는 기관인 'AI 오피스'를 설치하기로 했다.

AI 세계가 유럽과 미국, 두 방향으로 나뉘고 있다. 미국은 AI의
혁신을 우선한다. 위험성을 최소화하면서도 혁신을 저해하지
않는 데 중점을 둔다. EU는 AI의 잠재적 위험을 우려해
안전성을 최우선으로 고려한다. 기술에선 미국이 앞섰다면,
규제에선 EU가 앞섰다. EU의 AI 규제법은 현재 AI 규제를
검토하고 있는 각국 정부에 레퍼런스가 될 수 있다. 다시
말해 이번 법안의 주요 내용이 유럽 밖으로 확대될 가능성이
크다. AI 기업 입장에서 서로 다른 시장에 맞게 별도의 모델을
만드는 것은 비효율적이다. EU의 AI 규제법은 GDPR처럼
AI를 만드는 글로벌 스탠더드가 될 수 있다.

현대차의 웨어러블 로봇 실험

현대자동차그룹이 울산 공장 등 국내 완성차 생산 공장에서 웨어러블 로봇 테스트를 진행하고 있다. 시험 착용 제품은 조끼 형태의 '엑스블 숄더'로, 머리 위로 팔을 들고 장시간 일하는 자세를 보조한다. 무게는 약 600~700그램 정도다. 현대차그룹은 전 세계 공장에 웨어러블 조끼를 도입하겠다는 포부를 밝힌 바 있다. 국내 공장에선 이르면 2024년 하반기부터 본격적인 사용이 시작될 전망이다. 신아람이 썼다.

2023년은 현대차 입장에서는 특별한 한 해로 기억될
전망이다. 사상 처음으로 국내 상장사 중 영업 이익 1위를
기록할 예정이기 때문이다. 14년간 삼성전자가 수성해 온
자리다. 반도체 업황 악화가 삼성전자에 악재로 작용했지만,
해외 판매에 집중한 현대차의 전략이 먹혔다는 분석이
나온다. 그러나 관건은 2023년이 아니라 미래다. 비용은
줄이고 많이 만들어 많이 팔아야 한다. 이 과정에서 재계와
노동계의 갈등이 발생한다. 웨어러블 로봇은 이 갈등의
중재자일까, 아니면 판도를 바꿀 게임 체인저일까.

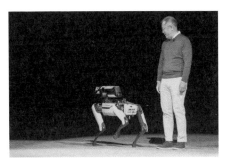

2022년 1월 정의선 당시 현대차 수석부회장이 미국
라스베이거스에서 열린 CES에 참석해 자회사 보스턴로보틱스의
로봇을 선보이고 있다. 사진: Andrej Sokolow, Getty Images

현대차 로보틱스 랩

현대차그룹의 웨어러블 로봇 개발은 그룹의 로봇 연구 개발
조직 '로보틱스 랩'이 담당한다. 성과는 진작에 내고 있었다.
이미 4년 전 웨어러블 로봇 '벡스(Vex)'와 '첵스(Cex)'를
개발해 현대차 정비소 등에 시험 도입했던 것이다. 벡스는
구명조끼처럼 착용하면 6킬로그램의 근력을 더해 준다.
첵스는 하체 쪽에 착용하면 최대 150킬로그램 체중을 버티고,
앉는 자세를 유지하는 데 도움을 준다. 그러나 반응은 좋지
않았다. 불편했기 때문이다. 땀이 찼다. 화장실을 가거나 휴식
시간이 되었을 때도 곤란했다. 피부가 쓸리면 아픈 경우도
있었다. 이번에 테스트 중인 모델은 이와 같은 피드백을
수용해 개선 작업을 거쳤다.

오너의 의지

사실 현대차그룹이 로봇에 진심이 된 지는 꽤 오래됐다.
특히 2018년 정의선 현 회장이 그룹의 총괄 수석 부회장으로
취임하면서 행보가 두드러지기 시작했다. 2020년에는
미국의 로봇 공학 업체 보스턴다이나믹스를 인수했다.

현대차뿐만이 아니다. 전 세계의 자동차 회사들은 이미 로봇 개발에 적극적으로 뛰어들었다. 테슬라는 최근 휴머노이드, '옵티머스'의 2세대 모델을 공개했다. 토요타, 닛산 등 일본 업체도 로봇 기술을 키우고 있으며, 벤츠, 폭스바겐, 포르쉐 등도 로봇 개발에 힘을 쏟고 있다.

자동차와 로봇의 상관관계

자동차 회사가 로봇을 만드는 이유는 간단하다. 닮아 있는 산업이기 때문이다. 현대차 로보틱스 랩의 현동진 랩장은 자동차를 일종의 로봇이라고 설명한다. 자동차도 페달을 밟으면 바퀴가 돌아가고, 운전대를 돌리면 방향을 바꾸기 때문이다. 자동차의 미래도 로봇과 한없이 가깝다. 자율주행차 얘기다. 주변의 상황 변화를 카메라나 레이저 장비를 통해 빠르게 인지해 대응해야 한다. 로봇도 마찬가지다. 자동차와 맞닿아 있는 군수 산업 쪽과도 연결 고리가 단단하다. 현대차그룹의 계열사인 현대로템을 예로 들 수 있다. 열차와 군용 탱크 제조업체다. 국방과학연구소와 '대테러 작전용 다족보행 로봇'을 개발하고 있다. 2025년 초까지 약 46억 원의 예산이 투입된다.

사람을 보호하는 기술

여기에 또 하나의 이유가 추가된다. 완성차 업계야말로
로봇의 활용 가능성이 무궁무진한 분야기 때문이다. 챗GPT가
아무리 똑똑해진들 공장에서 차체 조립이나 도색 작업을
할 수는 없다. 만드는 일은 여전히 사람이 해야 한다. 혹은
그게 아니면 사람이 로봇과 함께하거나 로봇이 해야 한다.
자동화율을 높이면 생산 효율이 높아진다. 오류나 사고의
가능성도 줄어든다. 기술로 사람을 대체하는 선택이다. 반면,
웨어러블은 사람을 보조하고 보호하는 선택이다.

러다이트 운동은 실패했지만

게다가 전망도 긍정적이다. 웨어러블 로봇 시장 규모는
2022년 9억 5250만 달러 규모였다. 2029년에는 119억 9570만
달러로 성장할 전망이다. 7년 동안 13배 성장하는 시장은
흔치 않다. 기업 입장에서는 눈독 들일만 하다. 다만, 산업
현장에서의 로봇 도입에는 우려의 시선이 따라붙는다. 사람의
일자리를 뺏거나 일하는 사람의 목소리를 막는 것은 아닐지
하는 우려다. 당연한 시대적 변화다. 거스르려 해도 불가능할

것이라는 전망이 우세하다. 하지만 변화 앞에 생계가
흔들리는 사람들은 당황할 수밖에 없다. 이러한 움직임은
물류 쪽에서 한발 빠르게 현실이 되어 나타나고 있다.

러다이트 운동을 묘사한 1812년 삽화. 사진: 위키피디아

아마존과 쿠팡의 현재

아마존은 2023년 10월부터 물류 창고에 인간형 로봇을
배치했다. '디짓(Digit)'이라는 이름의 휴머노이드다. 두
다리로 걸으며 상자를 나른다. 당장 아마존 노조는 일자리
감소를 우려하며 강력히 반발했다. 아마존이 수년 동안

직원들을 로봇처럼 대해 왔고, 자동화 정책은 일자리를
줄이기 위한 것이라는 주장이었다. 우리나라의 경우는
쿠팡이다. 무인 운반 로봇이 도입되면서 물류센터 현장
작업자의 업무량이 약 65퍼센트 감소했다. 이미 쿠팡의
순고용은 감소세를 보이고 있다. 향후 고용 감소가 더욱
심화할 수 있다는 전망이 나온다.

"만족도는 높다"

그렇다면 웨어러블 로봇은 어떨까. 현대차 노조의 안흥렬
보건부장은 북저널리즘과의 통화에서 "만족도는 높은
편"이라고 설명했다. 근골격계 산업 재해가 많은 현장의
특성상, 산재 예방에 도움이 될 것이라고 본다는 것이다.
다만 작업 시 주된 동작에 대해서는 확실히 보조가 되지만,
그 외 연결 동작에 있어서는 불편함을 느꼈고 이 부분에
대한 보완을 요청했다고 밝혔다. 또 로봇과 인간의 관계에서
인간이 우선시되지 못한 경우가 있어서는 안 될 것이라는
전제를 달았다. 현장의 반응은 일단 긍정적이다.

국제로봇연맹(IFR)이 발표한 '2022 세계 로봇 보고서'에
따르면 우리나라의 2021년 산업용 로봇 밀도는 1000대를
기록했다. 제조업 노동자 1만 명당 배치된 로봇의 숫자다.
세계 최고다. 보고서는 전자 산업과 자동차 산업에서 로봇
사용이 집중돼 있다고 짚었다. 삼성전자와 현대차, 우리
경제의 큰 부분을 차지하고 있는 두 기업부터 떠오른다.
웨어러블 로봇은 인간과 로봇의 새로운 공생을 상상하게
한다. 그간 보수지를 중심으로 제기해 온, 노사 갈등의
해결책이 '로봇'이라는 시각 외에도 다른 가능성이 있을 수
있음을 함의하기 때문이다. 다만, 이것은 큰 그림의 일부에
불과하다는 점을 고려할 필요는 있다. 현대차는 아세안 생산
기지에 순도 높은 자동화 시스템을 도입했고, 이것을 중장기
수익성 개선의 발판으로 삼을 계획이다.

최근 의미 있는 합의가 나왔다. 공장보다는 사무실에 가까운
쪽의 얘기이긴 하다. 마이크로소프트(MS)와 미국 최대 노동
단체인 노동총연맹(AFL-CIO) 얘기다. AI 기술이 일자리에
미칠 영향을 함께 논의하기로 했다. 목표는 크게 세 가지다.
AI 기술 동향을 노동계와 공유할 것, AI 기술 개발에 노동자의

관점을 반영할 것, 노동자들의 요구가 AI 정책에 반영되도록 할 것. 양측의 득실 계산이 반영된 결과겠으나, 시사하는 바는 크다. 문제를 직시하고 논의 테이블을 차렸다. 기술은 온다. 그 기술의 모습은 인간이 만든다.

스펙 인플레이션의 역설

2023년 연말 치러진 서울대학교 총학생회 선거에 단독 출마한 선거운동본부가 교육 공약 중 하나로 '학점 포기 제도'를 내걸었다. C+ 이하의 성적을 받았는데 재수강이 가능한 강의가 개설되지 않거나 대체 과목이 없는 경우 연한 내 최대 6학점을 포기할 수 있도록 하는 제도다. C+ 이하의 학점은 삭제할 수 있으므로 평균 학점을 올릴 수 있다. 학점 인플레이션을 가속화할 것이라는 비판이 나온다. 김혜림이 썼다.

A+ 학점이 당연한 시대를 목전에 두고 있다. 이런 종류의 '스펙 인플레이션'에는 금리의 역할을 하는 자정 작용이 없다. 더 높은 스펙을 가진 이가 선택받는 시대에서 스펙 인플레이션은 알면서도 피할 수 없는 당연한 것으로 다져졌다. 공고한 인플레이션은 역설을 만든다. 더 많은 이가 A를 받는데, 이들의 불만과 어려움은 가중된다. 이 역설의 영향력은 점차 커질 것이다.

코로나 학번의 졸업

학점 인플레이션, 본격적인 시작은 팬데믹이었다. 갑작스레 시작된 비대면 수업 체제가 혼란을 불러왔다. 대면 수업을 기반으로 이뤄지던 평가와 시험 시스템이 흔들리자 대학들은 발 빠르게 절대 평가로 평가 방식을 바꾸기 시작했다. 서울 주요 11개 대학의 A학점 비중은 2019년 43.8퍼센트에서 2020년 61.5퍼센트로 올랐다. 수도권 대학들이 높은 학점을 부여하기 시작하자 지방대도 어쩔 도리가 없었다. 한국의 대학 대부분이 학점 받기 좋은 대학이 되어 갔다. 코로나가

기승을 부리던 2020년, 4년제 대학에 입학한 학생들이 졸업을
앞두고 있다. 취업 시장, 대학원 입시판에 본격적으로 학점
인플레이션이 들이닥치기 시작한다.

서울대학교 정문 광장 야경. 사진: 서울대학교

꿀강의와 빌넣

모든 인플레이션이 그랬듯, 전조 현상은 있었다. 특히
상위권 대학의 문과 계열 학생들의 학점 인플레는
2010년대부터 꾸준히 지적받아 왔다. 2013년 서울대학교
경영대학에서 A학점을 받은 학생의 비중은 58.9퍼센트였다.
공대는 42.6퍼센트, 의과대학은 37.5퍼센트에 불과했다.
A의 가치가 하락하자 학생들은 예민해졌다. 미국이
대표적이다. 2000년대 이후 학점 인플레가 가속화한 미국

뉴욕대학교에서는 한 저명한 노교수가 "학점을 낮게 준다"는 이유로 학생의 반발에 부딪혀 해고당하기도 했다. 한국의 학생들은 소위 성적도 잘 주고, 학습량도 많지 않은 '꿀강의'를 찾아 배회하기 시작했다. 이 욕망은 '매크로'를 활용할 정도로 진심이 된 수강 신청 티켓팅과 교수에게 애원해 자리를 얻어 내는 '빌넣' 문화를 만들었다.

강의 평가와 에브리타임

이런 학생들의 호오와 새로운 대학 문화는 시간 강사를 중심으로 강의가 이뤄지는 현재 대학교의 구조와 맞물렸다. 2023년 4년제 사립 대학의 강사 수는 2019년에 비해 20.6퍼센트 증가했다. 강사법 시행 이후, 법의 적용을 피할 수 있는 다른 형태의 비정규 교원을 채용하는 일도 늘었다. 내년의 임용 여부가 불안정하니 학생들로부터 선택받는 강의를 만들어야만 한다. 폐강되지 않도록 '꿀강의'라는 소문을 내야 하고, 좋은 학점을 주면서 학생들의 호의를 사는 편이 유리하다. 학내 익명 커뮤니티인 '에브리타임'을 타고 강사와 수업의 평판이 퍼져 나간다. 한 국립 대학의 강사 임용 규정에 따르면 재임용 심사 평가에 강의 평가를 포함한 교육

활동의 항목 비중은 80퍼센트를 차지했다. A를 받는 학생은
눈덩이처럼 불어난다.

출발선

인플레이션은 A의 가치를 낮춘다. 낮은 가치는 취업과 진학을
위해서라면 무조건 충족해야 하는, 당연한 출발선이 되기
쉽다. 대학 진학이 대표적인 예다. 교육통계연보에 따르면
1991년의 대학 진학률은 33.2퍼센트였다. 1990년대 대학
정원이 본격 확대되기 시작하며 대학 진학률은 당연한 것의
자리에 놓이기 시작했다. 2001년에는 최초로 70퍼센트를
넘어섰고, 2022년의 대학 진학률은 73.3퍼센트에 달한다.
2020년대 이후의 평균 출발선은 높은 학점이다. 대학에
진학하기 위해 모든 학생이 수능을 준비했던 것처럼 모든
대학생이 높은 학점을 받아 비로소 출발하기 위해 공부한다.
그런데 그 와중에도 높은 학점을 받지 못한 학생은 존재할
수밖에 없다. 이들은 출발선에 서지조차 못 한다.

쉬는 청년

출발선이 멀어지니 출발조차 못 한 채 탈락하는 이들이
늘어난다. 2023년 11월 15일 발표된 통계청의 자료에
따르면 일도, 구직 활동도 하지 않는 '쉬는 청년'의 규모가
41만 4000명을 기록했다. 전체 청년 인구의 4.9퍼센트다.
전통적으로 쉬는 청년은 20대 후반, 고졸 이하의 남성이
많았다. 2023년은 조금 달랐다. 20대 초반, 대졸 이상의 여성
비중이 상대적으로 커졌다. 전문가들은 청년층 상당수가
자신의 "눈높이에 맞는 일자리를 찾지 못해 쉬는 것"이라
지적했다. 대기업과 중소기업, 정규직과 비정규직 등,
일자리와 노동 환경의 격차로 인해 좋은 직장을 얻지 못한
청년들이 아예 노동 시장 바깥으로 밀려나는 것이다.

점수만을 위한 점수

출발할 자격을 얻기 위해 걸어왔던 트랙을 다시 한 바퀴
도는 청년도 등장했다. 2023년 11월 16일, 2024학년도
대학수학능력시험을 치른 졸업생은 전체 응시생의
35.3퍼센트다. 1994학년도 수능 도입 이래 세 번째로 높았다.

한 청년은 인터뷰를 통해 처우가 더 나은 회사로 가기
위해 "수능을 다시 볼까 고민 중"이라고 털어놓기도 했다.
학점에서도 비슷한 현상이 일어난다. 이른바 '학점 세탁'을
위해 졸업 이후 학점은행제 학교에 다시 입학하는 것이
일종의 노하우로 통용된다. 편입, 대졸자 전형, 대학원 입학을
위해서는 성적 관리가 중요하기 때문이다. 몇몇 대학생은 A를
받지 못할 바에야 D를 받는다. 재수강 기회를 얻기 위해서다.

1만 3000명의 로스쿨

2023년 6월, 국민의힘은 청년정책네트워크 특위를 통해
대학별 학부 성적 평균(GPA) 환산식 개선안 마련을 위한
회의를 열기도 했다. GPA는 대학별 학점의 만점이 다른 것을
고려해 학교 간 비교가 가능하도록 환산한 점수를 말한다.
문제는 각 대학의 수식에 따라 계산 방법이 달라지는 탓에,
같은 점수를 받아도 환산 점수가 다를 수 있다는 것이다.
특히 로스쿨 입시에서 잡음이 크다. 2023년 로스쿨 입학을
위해 법학적성시험에 응시한 학생은 1만 5647명이었다. 그중
2000여 명만이 로스쿨 입학 자격을 얻는다. 1만 3000명이
학점으로 인해, 적성 시험 점수로 인해 탈락의 고배를 마신다.

0.1점을 얻기 위해 학생들은 재수강을 하고, 수능을 다시 보고, 사교육으로 향한다.

IT MATTERS

높은 학점은 성실하다는 증거가 되지 않지만, 낮은 학점은 불성실의 확실한 증거가 된다. A가 넘치는 평가 구조 아래에서는 장기적으로 학부 성적 자체가 무력화할 가능성이 크다. 하나라도 놓치면 탈락자가 되는 시대는 패배감을 양산할 수밖에 없다. 설령 완벽한 학벌에 학점을, 심지어는 완벽한 '플러스 알파'를 갖춘 이라도, 패배감으로부터 자유로울 수 없다.

점차 더 많은 청년 세대가 그저 출발선에 '서기 위해서' 시간을 쏟을 것이다. 장기적으로 사회적 손실과 비효율은 심화할 수밖에 없다. 풍선은 학점 바깥으로도 부푼다. 대기업은 이미 인재를 솎아 내기 위해 다자 면접, 장기간 인턴 전형을 고려 중이다. 역설이다. 더 많은 이들이 A를 받는데 오히려 쌓아야 할 스펙도, 박탈감도 더 늘어난다.

세계의 공장이 갈 곳은 어디인가

2040년대, 우리나라 경제성장률이 0퍼센트대에 도달한다는
분석이 나왔다. 국회 예산정책처의 보고서 내용이다.
원인은 인구 감소에 따른 생산력 하락이다. 경제성장률이
2040년대에는 0.7퍼센트, 2060년대에는 0.1퍼센트까지
급락할 수 있다는 것이 예정처의 추산 결과다. 그런데 이 문제,
우리나라만의 얘기는 아니다. 전 세계가 함께 늙어 가고 있기
때문이다. 21세기가 끝나기 전, 세계 인구는 흑사병 이후
처음으로 감소할 수 있다. 지구에게는 좋은 소식일 수 있다.
인류에게는 아니다. 신아람이 썼다.

가장 문제가 되는 분야는 제조업이다. 공장에서 일할 사람이 줄어들면서 역사상 가장 저렴했던 30년이 끝을 맺고 있기 때문이다. 아시아, 인도, 아프리카를 살펴보면 성장주의의 한계점이 다다랐음을 인정하게 된다. 생존을 위해 축소 경제 시대를 준비해야 할 시점이다.

늙어 가는 세계

출생률 감소는 우리나라만의 이야기가 아니다. 물론, 우리가 특히 심하다. 하지만 전 세계가 함께 늙어 가고 있다. 인구가 안정적으로 유지되려면 2.1명의 출생률이 필요하다. 이를 '대체율'이라고 한다. GDP 기준 상위 15개국의 출생률은 모두 대체율을 밑돈다. 인구 대국 중국과 인도도 예외가 아니다. 전 세계로 범위를 확장해도 2.3명이다. 2000년의 2.7명에 비해 크게 감소했다. 그나마 젊은 국가들에서 희망을 찾을 수는 없을까. 전망은 어둡다.

비싼 시대의 도래

물건값이 오르고 있다. 공장에서 일할 사람이 부족하기
때문이다. 정확히는 공장이 갈 곳이 없다. 일단, 아시아를
중심으로 일한 사람이 부족해지고 있다. 지난 30년간 인류는
전례 없이 값싼 풍요를 누렸다. 경제적 국경이 사라지거나
희미해지면서 높은 기술과 저렴한 노동력을 동시에 투입할
수 있게 되었기 때문이다. 미국의 기술이라 해도 중국에서
값싸게 만들었다. 중국 다음은 베트남으로, 태국으로,
인도네시아로 노동력의 공급처가 옮겨 갔다. 그러나 더는 갈
곳이 없다.

아시아 젊은이들의 사정

지난 30년 동안 부모 세대는 공장에서 일하며 자식을
키웠지만, 2세대는 다르다. 교육 수준도 높아졌고 눈도
높아졌기 때문이다. 게다가 이들은 부모 세대와 달리 적은
수의 자녀를 더 늦게 낳는다. 가정을 꾸려 자녀를 양육하려면
안정적인 제조업 일자리가 매력적일 수 있다. 그러나 킴
카다시안의 SNS를 실시간으로 체크하는 젊은이들에게 부모

세대의 삶은 전혀 매력적이지 않다. 그들에게는 궂은일을 하러 공장에 갈 이유가 없다. 결과적으로 인건비가 치솟고 있다. 저렴하고 질 좋은 물건이 쏟아지던 시대가 끝났다.

인도의 공장. 사진: constructionworld.in

MAKE IN INDIA

이에 따라 주목받고 있는 것이 인도다. 최근 중국을 꺾고 세계 1위의 인구 대국으로 올라섰다. 세계의 제조업 기지 자리를 꿰차는 것이 인도 모디 총리의 야망이다. '메이크 인 인디아' 정책을 앞세워 제 2의 세계의 공장이 되고자 한다. 외국인 투자를 통해 제조업을 육성하고 일자리를 창출하겠다는 것이 골자다. 파격적인 인센티브 정책으로 애플, 테슬라 등이 이미 인도를 선택했다. 하지만 속사정을 들여다보면 '메이크

인 인디아' 정책은 모디 총리의 유일한 선택지다. 늘어나는 인구를 부양할 일자리가 절실한 것이다.

성장률 6퍼센트, 실업률 7퍼센트

인도의 경제 성장률은 6퍼센트대다. 높은 수준이다. 실업률은 7퍼센트가 넘는다. 너무 높은 수준이다. 인프라는 없는데 당장 안정적인 일자리가 필요하다. 그것도 매년 900만 개의 새로운 일자리가 필요하다는 분석도 나왔다. 이렇다 보니 해외 기업의 공장을 유치하는 전략 외에 뾰족한 수가 없다. 애써 키운 고학력 인재는 해외로 유출된다. 문화적 장벽과 정치적 리크스, 여성 인권 문제 등도 장애물로 지적된다. 이런 와중에 인도 또한 늙어 가고 있다. 평균 연령은 28세지만, 60세 이상 국민의 비중은 10퍼센트가 넘는다.

인류의 미래, 아프리카

그렇다면 가장 젊은 대륙은 어디인가. 아프리카다. 아시아와 인도가 중성장의 덫에 걸린 채 늙어 가는 와중에 아프리카에서는 젊은 인구가 빠르게 늘고 있다. 아프리카 대륙의 평균 연령은 19세다. 2050년이 되면 전 세계의 15~24세 인구 중 35퍼센트를 아프리카 대륙이 점유할 전망이다. 2040년대에는 신생아 5명 중 2명이 아프리카에서 태어난다. 하지만 아프리카는 아시아에 뒤를 이은 세계의 공장이 될 수 없다.

아프리카의 미래에 공장이 없는 까닭

세계은행에 따르면 매달 100만 명의 아프리카인이 노동 시장에 진입한다. 그러나 정식 일자리를 얻는 사람은 4명 중 1명도 되지 않는다. 이집트와 모로코를 위시한 북부와 남아프리카공화국을 제외하면 아프리카 대륙 대부분의 국가는 제조업을 중심으로 한 산업화에 이미 실패했다. 일할 수 없는 현실은 젊은이들을 극단으로 내몬다. 소말리아의 해적단, 말리의 ISIS 세력 확장 등이 그것이다. 불안정한 치안 상황은 해외 자본의 투자에 걸림돌이 된다.

IT MATTERS

아프리카는 제조업을 통한 경제 성장을 건너뛰고 모바일

인프라를 기반으로 한 스타트업 생태계로 비상을 꿈꾼다.
수십억 달러의 투자를 이끌어 냈다. 그러나 일자리
창출에서는 유의미한 결과를 내지 못했다. 현재 세계의
공장 역할을 하는 아시아 국가들은 한국과 중국과 같은
경제적 성공 반열에 오르지 못한 채 고령화의 덫에 일찌감치
빠져들었다. 인도 또한 제조업 굴기를 외치고 있지만
고령화의 속도가 만만치 않다. 이제 세계의 공장은 없다.
더 이상 지난 30년과 같은, 값싼 제조업의 시대는 지속될 수
없을지도 모른다. 그렇다면 인플레이션은 빠르게 치료해야
할 일시적인 질병이 아니라 꾸준히 관리해야 할 지병이 된다.
지금까지와는 다른 삶을 계획해야 하는 까닭이다.
대두되고 있는 것이 슈링크플레이션, 축소 경제다. 고물가,
고령화 사회에서 생산이 줄고, 구매력이 떨어지면서 적게
쓰고 적게 생산하는 시대다. 투자와 확장은 접어두고 긴축과
감축이 새로운 전략이 된다. 부의 상징이었던 부동산과
자동차의 수요가 감소하고, 성장이 아니라 생존이 목표가
된다. 저출생 고령화의 특이점을 맞은 한국 사회에는 어떤
대안이 있는지 살펴봐야 할 때다.

파나마 운하가 막히면 일어나는 일

무역이 위기에 처했다. 우리 얘기가 아니다. 전 세계의 얘기다. 번영과 발전을 위해서는 배가 들어와야 한다. 항구에 배가 들어와야 물건이 들어오고 실물 경제에 피가 돈다. 그런데 지금 세계의 뱃길이 위험에 처했다. 세계 양대 운하로 꼽히는 수에즈와 파나마 운하가 모두 제 기능을 다하지 못하고 있기 때문이다. 신아람이 썼다.

수에즈는 전쟁으로 막혔다. 운하로 접어드는 유일한 남쪽
통로인 홍해에서 이란의 지원을 받는 예멘의 무장 세력 '후티
반군'이 드론과 미사일로 선박을 공격하고 있다. 명분은
팔레스타인 지원이다. 파나마는 가뭄으로 막혔다. 이상
기후로 가뭄이 들면서 파나마 국민 전체보다 물을 더 많이
들이키는 파나마 운하에 물 부족 현상이 이어지고 있다.
전쟁은 정치의 문제다. 미국이 주도한 연합군이 가세하면서
수에즈 쪽의 상황은 호전될 전망이다. 그런데 가뭄은 자연의
문제다. 인간이 저지른 욕심으로 이상 기후가 발생했지만,
이걸 당장 해결할 방법은 인간에게 없다. 파나마 운하의
교통 체증은 20세기 이후 세계 경제의 모델 하나가 뿌리부터
흔들리고 있음을 시사한다. 바로 '적시 생산' 모델이다.

결정적인 지름길

수에즈 운하와 함께 세계 양대 운하로 꼽히는 파나마 운하.
파나마 운하는 북아메리카와 남아메리카 사이에 위치한
좁은 지름길이다. 좁지만, 결정적인 지름길이기도 하다.

미국 서부에서 동부로 배를 보낼 때 파나마 운하를 거치지 않는다면 남아메리카 대륙 최남단의 칠레로 빙 돌아가야 한다. 우리 기업도 미국 동부나 유럽으로 수출하는 물량은 파나마 운하를 경유해 보낸다. 워낙에 목이 좋다 보니, 전 세계 해상 교역의 6퍼센트가량이 파나마 운하를 지난다. 무엇보다, 미국으로 향하는 컨테이너 물동량의 40퍼센트가 파나마 운하를 지난다. 매일 40여 척의 선박이 통과할 수 있다. 그런데 현재는 하루에 22척 정도만 통과할 수 있다. 2024년 2월부터는 18척 정도만 통과할 수 있을 것으로 전망된다.

파나마 운하. 사진: Stan Shebs

배가 산으로 가면

파나마 운하는 배가 산을 넘어가는 구조로 되어 있다.

바다에서 진입한 배가 들어오면 갑문을 닫고 물을 채워 배를 높이 띄운다. 그리고 갑문을 열어 배가 한 단계 높은 지대로 올라간다. 이런 과정을 여러 차례 반복해서 배가 산을 넘는다. 보통 8~10시간 정도 걸린다. 사람이 계단을 오르는 것과 같은 원리다. 사람은 다리 힘으로 계단을 오르지만, 배를 밀어 올리는 것은 갑문 안으로 채워 넣는 엄청난 양의 물이라는 점이 다르다. 이런 방식으로 배 한 척이 산을 넘는 데에 2억 리터가량의 물이 필요하다. 파나마 국민 50만 명이 하루에 사용하는 양이다.

급행료 400만 달러

그런데, 파나마에 가뭄이 들었다. 원래 운하라는 것이 땅을 파서 인공적으로 만든 물길이다. 배가 지날 수 없는 곳에 배가 지날 수 있도록 물길을 낸 것이다. 당연히 가뭄이 들면 차질이 생긴다. 배가 한 척 지날 때마다 2억 리터의 물을 쏟아부어 산을 넘어야 하는 파나마 운하에는 더욱더 치명적이다. 특히, 미국 동부 해안과 한·중·일 사이의 뱃길이 꽉 막혔다. 상황이 이렇다 보니 운하를 줄 서지 않고 통과하기 위한 '패스트 트랙' 이용권의 가격이 천정부지로 뛰어올랐다. 2023년 11월,

일본 에네오스 그룹의 LNG선은 일반적인 통과 수수료의
약 10배에 해당하는 400만 달러를 추가로 지불하고 파나마
운하를 통과했다.

선물이 비싸진다

때문에 지난 연말, 업계에서는 우려가 터져 나왔다. 중국에서
화물선을 타고 출발한 최신 스마트폰, TV, 장난감은 물론이고
플라스틱 트리와 크리스마스 조명이 실린 컨테이너의
배송까지 지체됐기 때문이다. 미국으로, 유럽으로 도착할
물건들이었다. 예약 없이 오는 배들의 경우 보통 4.3일 정도
대기하면 운하를 건널 수 있었다. 그런데 가뭄 이후 2주에
가까운 기간을 기다려야 한다. 크리스마스에 어린이들이
선물을 받지 못할 수 있다는 걱정은 과장된 것이었다. 그러나
크리스마스가 비싸질 수 있다는 우려는 현실이었다. 운하
근처에서 무작정 기다리는 동안에도 배의 연료는 닳는다. 먼
길을 돌아가는 운송 경로를 선택해도 비용이 더 든다. 그 좁은
지름길이 인플레이션을 끌어 올리는 것이다.

시간은 돈이다

시간은 돈이다. 물류에 있어 시간은 너무나 돈이다. 그래서 역사상 인류는 더 빠른 운송 경로를 찾기 위해 탐험을 되풀이했다. 목숨도 걸었다. 그 결과 중 하나가 바로 파나마 운하다. 그런데 이제 파나마 운하 앞에서 지체되는 시간이 비용을 발생시키고 있다. 운송비 얘기가 아니다. 탄소 경제의 관점에서도 너무나 비싼 비용이다. 국제 해운 산업은 대표적인 탄소 배출 산업으로 꼽힌다. 전 세계 배출의 3퍼센트 정도를 차지한다. 일본과 맞먹는 규모다. 운하 앞에서 무작정 기다리는 대형 화물선도, 먼 길을 돌아서 가기로 한 화물선도 예상외의 추가 비용을 치르고 있다. 추가 탄소 배출이라는 비용이다. 탄소가 쌓여 기후 위기는 더 심각해진다. 가뭄을 견디고 있는 파나마 입장에서 좋은 소식은 아니다.

환경 때문에, 그리고 환경 때문에

파나마 운하 측은 새로운 저수지를 건설하는 방안을 모색 중이다. 그러나 그 과정이 순탄하지는 않을 전망이다. 두 가지 장애물이 있다. 먼저, 이 가뭄이 기후 변화로 인한 지속될

현상인지에 관해 의견이 분분하다. 역사상 주기적으로
관찰되는 엘니뇨 기간의 여파일 뿐이며, 내년이나 그다음
해에는 강수량이 종전 수준으로 돌아올 수 있다는 주장이
나온다. 그렇다면 저수지를 건설한다는 선택은 장기적으로
손해다. 또 다른 장애물은 파나마 국민의 민심이다. 최근
파나마 정부는 캐나다의 한 기업과 맺었던 구리 광산
채굴권 계약을 무효로 돌렸다. 국민들의 격렬한 반대 시위
때문이었다. 반대 여론의 가장 큰 근거는 생태계에 미치는
영향이다. 새롭게 저수지를 건설하게 된다면 생물 다양성이
풍부한 지역을 통째로 수몰시켜야 한다. 국민의 동의를 얻기
쉽지 않다.

발등에 불이 떨어졌지만

파나마 내부의 논란과는 관계없이, 해운 업계에서는 기후
위기를 지금 당장 해결해야 할 리스크로 인식하고 있다.
파나마 운하만의 얘기가 아니다. 미국에서는 미시시피강의
수위가 너무 낮아져 선박이 좌초되는 일이 발생하고 있고,
2021년에는 캐나다 밴쿠버 근방에서 강력한 사이클론이
발생해 109개의 컨테이너가 바다로 떠내려갔다. 이대로라면

해운 업계는 2050년까지 기후 변화로 인해 연간 100억 달러의 손실을 보게 된다. 세계 2위 해운사인 덴마크의 머스크(Maersk)는 메탄올을 연료로 사용하는 컨테이너선을 도입했다. 탄소 배출을 크게 줄일 수 있는, 의미 있는 결정이다. 그러나 연료비가 상대적으로 비싸고 공급량이 부족한 것이 문제다. 기후 위기는 지금 당장 해결해야 할 문제인데 친환경 선박이 유효한 수준으로 활약하기 위해서는 시간이 더 필요하다는 얘기다.

IT MATTERS

전 세계를 가깝게 연결했던 물류가 정체되면 세계 경제가 의존해 왔던 모델이 하나 깨진다. 바로 '적시 생산(just in time manufacturing)' 모델이다. 부품을 쌓아 두는 대신 시장 상황에 따라 수요를 판단하고, 그때그때 조달하는 방식을 뜻한다. 도요타의 '린(lean)' 생산 방식이 대표적이다. 맥킨지와 같은 굴지의 컨설팅 업체 등을 통해 전 세계에 자리 잡았다. 창고에 재고를 쌓아 두지 않고 가장 최신의 부품을 필요한 만큼 조달해 바로 생산한다. 효율적이다. 비용이 줄어든다. 애플의 팀 쿡 CEO도 이 적시 생산 모델을 성공적으로 도입하면서 스티브 잡스의 신뢰를 얻게 된 바 있다. 그런데 이 모델의 전제가 바로 '그때그때 부품을 조달할 수 있어야 한다'는 것이다.

기후 위기에 휘청이는 해운 업계의 사정이 이 적시 생산 모델의 전제를 흔들 수 있다. 해운뿐만이 아니다. 갑작스럽게 닥친 한파로 에너지 공급망이 흔들리면 중국에 위치한 공장의 생산량이 줄어들거나 멈춘다. 대만에서 생산된 반도체가 패키징을 위해 말레이시아로 운송되었다가 최악의 홍수를 만나 발이 묶이기도 한다. 결국 제조업체는 재고를 늘리거나, 공급망 다변화를 꾀할 수밖에 없다. 적시 생산 모델과 모순된다. 이제 선택해야 한다. 지속 가능한 적시 생산 모델을 위한 방법을 찾아내든지, 아니면 비싸진 크리스마스를, 비싸진 일상을 받아들이든지 말이다.

피처

단편 소설처럼 잘 읽히는 피처 라이팅을 소개한다. 기사 한 편이 단편 소설 분량이다. 깊이 있는 정보 습득이 가능하다. 내러티브가 풍성해 읽는 재미가 있다. 정치와 경제부터 패션과 테크까지 고유한 관점과 통찰을 전달한다.

100년 전쟁의 기원이 된 세기의 재판

이스라엘과 팔레스타인은 왜 싸우는가. 이·팔 100년 전쟁은 드레퓌스 사건에서 시작한다. 드레퓌스 사건은 1789년 프랑스 혁명 이후 유럽 사회에 동화돼 살아가던 유대인들에게 커다란 충격을 안겼다. 중세 유럽에서 유대인 차별과 박해가 종교적 이유에 기인했다면, 혁명 이후 유대인 차별은 세속적 차원에서 이뤄졌다. 부르주아로 성장한 유대인에 대한 증오였다. 결국 어떻게 해도 유대인은 유럽 사회에 동화될 수 없었다. 드레퓌스와 헤르츨, 두 인물이 교차한 역사적 순간을 따라가며 이스라엘 건국사 그리고 이·팔 100년 전쟁의 기원을 살펴본다. 이연대가 썼다.

반역자 드레퓌스

1894년 9월 프랑스 육군 참모 본부 정보국은 군사 기밀을
적국에 팔아넘긴 반역자를 색출하고 있었다. 발단은 편지 한
통이었다. 정보국은 파리 주재 독일대사관에 요원을 청소부로
위장 취업시켜 첩보를 수집했는데, 얼마 전 독일 무관의
휴지통에서 여섯 조각으로 찢어진 손편지를 확보했다. 조각을
이어 붙이자 추악한 거래가 드러났다. 익명의 발신인이 독일
무관에게 프랑스군이 보유한 120밀리 신형 대포의 작동법을
비롯한 군사 기밀을 팔겠다고 제안하는 내용이었다. 정보부는
이 문서를 '명세서'라고 불렀다.

프랑스 육군 대위 알프레드 드레퓌스(Alfred Dreyfus, 1859~1935)

명세서 사본. 사진: French National Archives

당시 프랑스 국민은 독일이라면 치를 떨었다. 1870년 보불 전쟁에서 프랑스는 비스마르크가 이끄는 프로이센에 처참하게 패했다. 1871년 프로이센은 파리를 포위하고, 베르사유 궁전에서 독일 제국 수립을 선포했다. 독일군은 개선 행진을 벌이며 파리에 입성했고, 전리품으로 프랑스 북동부의 알자스와 로렌 지방을 가져갔다. 전쟁 배상금으로는 50억 프랑을 요구했다. 프랑스 1년 예산의 두 배가 넘는 규모였다. 독일을 향한 복수심이 극에 달했을 때 독일 간첩 사건이 터진 것이다.

참모 본부는 조직 내부에 첩자가 있다고 봤다. 명세서에 담긴 정보는 참모 본부 소속이 아니면 알기 어려운 것이었고, 120밀리 대포에 관한 정보를 넘기겠다고 했으니 포병 장교일 것이었다. 참모 본부는 소속 장교 명단을 뒤졌다. 이내 용의자를 특정했다. 35세의 포병 대위 알프레드 드레퓌스였다. 그가 독일이 보불 전쟁으로 점령한 알자스 지방 출신의 유대인이었기 때문이다.

조금만 따져 봐도 드레퓌스는 간첩이 될 동기가 없었다. 프랑스의 명문 대학을 졸업했고, 성적도 뛰어났다. 군 생활에도 잘 적응했다. 융통성은 없어도 성실했다. 유대인이라는 이유로 동료들에게 인기가 없었지만, 복무 성적도 우수했다. 정치 성향이 좌도 우도 아니었고, 독일과 아무 관련도 없었다. 집안은 부유했고, 두 아이가 있었고, 아내는 큰 아파트와 말을 소유하고 있었다. 독일에 매수될 이유를 찾기 어려웠다.

10월 15일 참모 본부는 드레퓌스를 호출했다. 뒤파티 소령은 드레퓌스를 작은 방으로 데려가더니 펜과 종이를 내밀었다. "써야 할 편지가 있는데 손가락이 아파서 쓸 수 없으니 대신 써 주겠나?" 드레퓌스는 소령이 불러주는 대로 받아 적었다.

명세서에 적힌 내용이었다. 드레퓌스가 작업을 마치자
소령은 그의 어깨에 손을 올리고 외쳤다. "법의 이름으로
대위를 체포한다. 당신은 반역죄로 기소됐다." 드레퓌스는 뭘
잘못했는지도 모른 채 군 교도소로 이송되어 독방에 갇힌다.
외부와 연락할 수도 없었다.

7주간 조사가 진행됐다. 참모 본부는 드레퓌스의 사생활을
탈탈 털었지만, 간첩 혐의의 증거나 동기를 찾을 수 없었다.
유일한 증거는 명세서였다. 참모 본부는 필적 감정을
의뢰했다. 감정가는 드레퓌스의 필적이 명세서의 필적과
차이가 있다고 인정하면서도, 드레퓌스가 명세서를 적을 때
남의 필적을 모방했기 때문에 필적이 다를 수밖에 없으며
두 필적의 차이가 클수록 위조라는 증거가 더 확실해진다고
'과학적으로' 설명했다. 기소를 앞두고 참모 본부 내에서도
의견이 갈렸다. 범죄 동기를 찾기 어렵고 증거가 빈약하니
차라리 드레퓌스를 전쟁 중인 아프리카로 보내 전사하길
기대하는 것이 어떻겠냐는 의견도 나왔다. 그러나 국방부
장관은 기소를 결정한다.

1894년 12월 군사 재판이 열렸다. 필적 감정가는 사이비
과학을 증언했다. 뒤파티 소령은 드레퓌스가 편지를 쓸 때
손을 떨었는데 죄책감 때문이라고 증언했다. 드레퓌스는

날이 추워 손이 얼었을 뿐이라고 반박했다. 동료 장교는
그가 도덕적으로 타락한 여성들과 교제했고 도박도 했다고
증언했다. 불쾌한 성격에다 호기심이 지나치게 많다는
증언도 나왔다. 그가 간첩이라는 억측만 있고 증거는
없었다. 이대로면 무죄 석방도 가능해 보였다. 그러자 군은
없던 증거를 만든다. 조작한 문서를 재판관에게 비밀리에
전달했는데, 국가 안보를 이유로 드레퓌스와 변호인은 볼
수 없었다. 육군 판사 일곱 명은 만장일치로 드레퓌스에게
종신형을 선고했다.

드레퓌스의 군적 박탈식 ⓒmeisterdrucke.fr

1895년 1월 파리의 사관 학교 에콜 밀리테르에서 드레퓌스의
군적 박탈 행사가 열렸다. 기자가 진을 치고 군중이 운집했다.
나팔이 울리고 북소리가 진동했다. 장군이 말했다. "드레퓌스
대위, 당신은 제복을 입을 자격이 없다. 프랑스 국민의
이름으로 당신의 계급을 박탈한다." 드레퓌스는 외쳤다.
"맹세코 나는 결백합니다! 프랑스 만세!" 부관이 다가와
드레퓌스의 군복에서 계급장과 훈장과 단추를 뜯고 칼을
반으로 부러뜨렸다. 드레퓌스는 망가진 군복을 입고 경내를
돌았다. "모든 유대인은 죽어라!" 구경꾼들이 조롱하고 침을
뱉었다. 중세 유럽의 종교 재판에서나 볼 수 있는 광경이었다.
그는 유대인이었고, 유다였다.

드레퓌스는 남아메리카 프랑스령 기아나 해안에 자리한
악명 높은 유형지 '악마의 섬'으로 유배된다. 영화 〈빠삐용〉의
배경이 된 섬이다. 이 척박한 섬에 간수는 열한 명, 죄수는
오직 드레퓌스 한 명이었다. 드레퓌스는 작은 오두막에
거주하며 24시간 감시를 받았다. 간수와 대화도 허용되지
않았다. 가족과 주고받는 편지는 검열됐고 그마저도 몇
달 지나야 전달됐다. 본국에서 드레퓌스가 탈출했다는
거짓 소문이 돌면서부터는 밤마다 발에 족쇄를 차야
했다. 드레퓌스는 말라리아와 이질에 걸렸고 자주 아팠다.

드레퓌스는 일기에 이렇게 적었다. "나는 결백하다."

1898년 악마의 섬 오두막에 앉아 있는 드레퓌스. 사진: GL Archive, Alamy

피카르 중령

에밀 졸라의 말처럼 진실은 땅에 묻는다고 사라지는 것이 아니다. 땅 밑의 진실이 외치기 시작한 것은 그가 악마의 섬에 도착한 지 1년이 지난 1896년 3월이었다. 참모 본부 정보국장으로 새로 부임한 피카르 중령은 수상한 엽서를 조사하다가 우연히 명세서와 필적이 같은 사람을 발견했다. 정보국 방첩대에서 일하는 에스테라지 소령이었다. 피카르는

조사에 착수했고 그가 진범이라는 것을 확인했다. 피카르는
곧바로 직속상관인 공스 장군에게 보고했다.

그러나 군 수뇌부는 끝난 사건을 들추고 싶지 않았다. 사법적
오판을 바로잡는 것, 진실을 밝히는 것, 한 개인의 영혼을
구하는 것보다 군대의 명예가 더 중요했다. 피카르는 참모
총장에게도 보고했지만 상황은 달라지지 않았다. 참모 본부
전체가 공범이었다. 피카르가 계속해서 공식 조사를 요구하자
공스 장군이 말했다. "그 유대인이 악마의 섬에서 썩어
가더라도 무슨 상관인가?" 피카르는 비밀을 무덤까지 가지고
가지 않겠다고 말했다. 참모 본부는 피카르가 더는 사건을
캐지 못하도록 파리의 정보국에서 아프리카 튀니지로 발령을
냈다. 진범인 에스테라지를 따로 만나서는 조용히 지내라고
당부했다.

드레퓌스의 재심을 요구하는 목소리가 시민 사회에서 조금씩
터져 나오자 참모 본부는 여론 뒤에 숨기로 했다. 참모 본부는
반유대주의 신문에 드레퓌스를 깎아내리는 거짓 정보를
흘리고, 신문들은 그대로 보도했다. "유대인 집단이 수백만
프랑을 써서 더러운 반역자를 구출하려고 한다." "죄 없는
기독교도에게 죄를 뒤집어씌우려 한다." "재심이 열리면
기밀문서가 공개돼 외교 마찰이 생길 수 있다." "유대인 집단이

1893년 《라 리브르 파롤》 1면에 실린 반유대주의 일러스트. 사진: La Libre Parole

군대의 명예를 떨어뜨리고 있다." "유대인과 유대주의가 프랑스를 쇠퇴시키고 있다."

당시 프랑스 사회는 정치적, 경제적, 사회적으로 혼란스러웠다. 1789년 대혁명 이후 80년간 일곱 개의 정치 체제를 겪었다. 왕정과 공화정을 왔다 갔다 했고, 보불 전쟁으로 치욕을 당했고, 파나마 운하 뇌물 사건으로 유대계 금융 자본과 결탁한 정계의 부패가 드러났다. 그리고 유대인 장교 간첩 사건이 터졌다. 어수선한 시기에 분노를 쏟아부을 대상이 필요했다. 그게 유대인이었다. 프랑스는 유럽 최초로 유대인에게 시민권을 부여했지만, 여전히 그들은 외국인 취급을 받았다. 유대인이 프랑스를 삼켜 버릴 것이라 경고했던 《유대인의 프랑스》가 출간돼 인기를 얻었던 것도 이 무렵이다. 그야말로 "집단적 정신 착란"이었다.

나는 고발한다

드레퓌스 사건에 반유대주의가 기름을 부으면서 프랑스 사회는 혁명 이전으로 돌아간 듯 보였다. 상황이 더 악화했지만 드레퓌스의 가족은 포기하지 않았다. 그의 결백을 입증할 자료를 모았고 진실을 알리는 팸플릿을 찍었고 의회에 재심을 요구하는 청원을 넣었다. 시대의 광기 앞에서 납작 엎드려 있던 지식인들도 하나둘 나서기 시작했다. 그중 프랑스의 대문호 에밀 졸라도 있었다. 애초 졸라는 이 사건에 관심이 없었다. 그러나 동료 문인에게 사건의 진상을 듣고는 싸움에 뛰어들기로 한다. 졸라는 법만으로는 승리할 수 없다고 생각했다. 먼저 여론에서 이겨야 했다. 그렇게 졸라는 《르 피가로》에 언론의 타락과 군중의 광기와 사법의 오판을 지적하는 세 편의 글을 발표한다.

드레퓌스가 수감된 지 3년이 지난 1898년 1월, 양심 있는 지식인들의 노력으로 마침내 진범 에스테라지가 군사 법정에 선다. 그러나 참모 본부의 증거 조작으로 무죄 판결을 받는다. 에스테라지가 유죄라면 드레퓌스는 무죄가 되어야 했기 때문이다. 군은 오류를 인정할 수 없었다. 재판정을 걸어나오는 에스테라지는 존재하지도 않는 유대인 국제 비밀 조직에 대항하는 영웅으로 그려졌고, 증거 조작을 주도한 앙리 소령은 중령으로 진급했고, 진범을 찾아내 상부에 보고했던 피카르 중령은 군사 기밀 누설죄로 체포됐다.

무죄 선고 이틀 뒤인 1898년 1월 13일, 졸라는 《로로르》라는 작은 신문에 대통령에게 보내는 공개 서한을 발표한다. 제목은 〈나는 고발한다...!〉였다. 이 글에서 졸라는 드레퓌스 재판과 에스테라지 재판의 오류를 고발하고, 드레퓌스에 대한 재심을 강력하게 요청했다. 신문사는 기사가 널리 읽힐 것이라고 예상하고 평소보다 열 배 많은 30만 부를 찍었는데, 금세 동났다. 기사의 반향은 엄청났다.

에밀 졸라가 대통령에게 보낸 공개 서한 〈나는 고발한다...!〉. 사진:
L'Aurore

그해 프랑스 전역은 드레퓌스 재심을 요구하는 공화
진보 세력, 재심에 반대하는 봉건 보수 세력의 다툼으로
시끄러웠다. 사람들이 모이는 자리마다 필적이 같네, 다르네
공방이 벌어졌고, 심지어 권총 결투로까지 이어졌다.
드레퓌스파와 반드레퓌스파로 나라가 두 쪽으로 갈라졌다.
졸라는 명예훼손죄로 기소됐다. 1심에서 징역 1년에 벌금
3000프랑에 처해졌다. 졸라는 항소했고 항소심에서도 유죄
판결을 받았다. 졸라는 그날 저녁 영국으로 망명한다.
드레퓌스 사건은 프랑스 국내 정치를 넘어 유럽과 미국의

양심적 지식인들까지 관심을 기울이는 사안이 됐다. 혁명의 나라, 톨레랑스의 나라 프랑스는 1900년 파리 만국 박람회 개최에 큰 기대를 걸고 있었다. 국내외 여론에 압박을 느낀 정부는 박람회 한 해 전인 1899년에 재심을 연다. 다시 열린 군사 법정은 5 대 2로 드레퓌스의 유죄를 확정했다. 국방부 장관이 공개적으로 이전 판결을 존중해 달라고 말한 것이 컸다. 군사 법정의 육군 판사가 다른 군사 법정의 지난 판결을, 국방부 수장의 권위를 뒤집기란 어려웠다. 대신 정부는 드레퓌스가 더는 무죄를 강력하게 주장하지 않는다는 조건으로 사면했다.

사면은 유죄를 인정할 때 성립한다. 드레퓌스파는 사면 거부를 바랐지만, 벌써 6년 가까이 악마의 섬에서 수감 생활을 하던 그는 사면 제안을 받아들인다. 드레퓌스가 사면 혜택을 반납하고 재심을 청구해 완전하게 누명을 벗은 건 1906년이 되어서다. 프랑스 최고 법원인 파기원의 무죄 판결 이후 정부는 드레퓌스에게 소령 특진과 레지옹 도뇌르 훈장을 수여한다. 이렇게 모든 일이 일단락되는 것처럼 보였다.

두 번째 모세, 헤르츨

1895년 1월 드레퓌스의 군적 박탈 행사가 열리던 날, 그곳에
테오도르 헤르츨이 있었다. 오스트리아 빈에서 신문 기자로
일하던 헤르츨은 프랑스 파리에 특파원으로 와 있었다.
헤르츨은 헝가리 부다페스트 태생의 유대인이었지만,
유대인이라는 자각이 크지 않았다. 히브리어나 이디시어를
쓰지 않았고, 유대 교육을 받지 않았다. 유대 전통도 따르지
않았다. 헤르츨은 유대인이 아닌 유럽 문화에 동화된
유럽인으로 살기를 바랐다.

이스라엘의 국부 테오도르 헤르츨(Theodor Herzl, 1860~1904).
사진: Central Zionist Archive/Simon Wiesenthal Center

그에게 파리는 꿈의 도시였다. 헤르츨은 프랑스 혁명의
정신과 프랑스인의 이성을 흠모했다. 당시 고향 오스트리아-
헝가리 제국에선 반유대주의가 심화하고 있었는데,
프랑스인은 그런 낡은 감정을 수용하지 않을 만큼 계몽됐다고
생각했다. 프랑스는 모든 사람이 평등하다는 인권 선언의
국가였고, 유럽 각국보다 최소 100년은 앞서가는 문명
국가였다.

실제로 프랑스는 유대인을 해방한 최초의 유럽 국가였다.
1789년 대혁명 이후 프랑스는 랍비 관할권 같은 유대인
공동체의 자치권을 포기하는 조건으로 유대인에게 시민권을
부여했다. 프랑스 유대인은 19세기 중반부터 프랑스 사회에
동화되어 살았고, 프랑스에 대한 조국애까지 가지고 있었다.
파리의 부르주아 유대인은 생김새나 생활 방식에서 부르주아
비유대인과 구분하기 어려웠다.

프랑스 역사가 알베르 마티에는 "혁명은 쇠퇴하는 나라가
아니라 발전하고 번영하는 나라에서 일어난다"고 했지만,
혁명 이후의 공포정과 제국주의, 민족주의는 프랑스를
100년은 뒤로 쇠퇴시켰다. 드레퓌스의 계급장이 뜯겨
나갈 때 헤르츨은 군중의 외침을 듣는다. "유대인에게
죽음을!" 유럽에서 가장 진보한 나라에서 드레퓌스는 오직

유대인이라는 이유만으로 악마화되고 있었다. 헤르츨은 광기 어린 군중을 지켜보며 유대인은 어떤 사회에도 진정으로 동화될 수 없다는 것을 깨달았다.

중세 유럽에서 유대인 차별과 박해는 종교적 이유에 기인했다. 기독교도에게 유대인은 예수를 못 박아 죽인 민족이었다. 로마 가톨릭교회의 부패를 비판하며 종교 개혁을 이끈 마르틴 루터조차 유대인에게 강한 적개심을 드러냈다. 심지어 유대인의 회당과 학교를 불사르고 집을 파괴해야 한다고 주장했다. 유럽인에게 유대인은 금융과 교역, 상공업 부문에서 쓸모가 있었지만, 상종할 수 없는 존재였다. 그래서 일종의 자치 구역인 게토를 만들어 좁아터진 골목에 유대인을 몰아넣었다. 게토를 나갈 때는 마녀 모자처럼 뾰족한 모자를 쓰게 해서 유대인임을 표시하게 했다. 시민으로 인정하지 않았으니 권리도 없었고 의무도 없었다.

중세 유럽의 기독교 세계관에서 기독교를 거부하고 천박하게 돈이나 만지던 유대인은 19세기 들어 산업화와 자본주의가 본격화하면서 이른바 도시 고소득 전문직을 차지한다. 비슷한 시기에 프랑스 혁명을 거치면서 근대 국민 국가가 등장하고 유대인은 국민 국가의 시민으로 편입되면서 제도적 차별은 사라진다. 대신 세속적 차원에서 차별이 이뤄졌다.

자본주의가 발달한 대도시에서는 부르주아로 성장한
유대인에 대한 증오가 극심했다. 유대인은 큰돈을 벌어도
문제였고, 노동 계급으로 적은 돈을 벌어도 내 일자리를
뺏으니 문제였다. 결국 어떻게 해도 유대인은 유럽 사회에
동화될 수 없었다.

유대 국가

헤르츨은 동화를 포기한다. 유대인 문제를 해결하려면
선조들의 땅 팔레스타인으로 돌아가 유대 국가를 건설하는
방법밖에 없다는 결론을 내린다. 시오니즘(Zionism)이다.
시온은 예루살렘에 있는 언덕의 이름이다.
1896년 2월 헤르츨은 유대 국가 건설의 필요성과 방법을
제시한 책《유대 국가》를 펴냈다. 책에서 그는 유대인 문제를
이렇게 정의한다.
"유대인 문제는 유대인이 상당수 거주하는 곳이면 어디에서나
지속된다. 존재하지 않는 곳이라면 유대인 이민자들과 함께
유입된다. 우리는 박해를 받지 않는 곳으로 자연스럽게
끌려가고, 그곳에서 우리의 모습은 박해를 불러일으킨다.
유대인 문제가 정치적 차원에서 해결되지 않는 한,

프랑스처럼 고도로 문명화된 국가를 포함한 모든 곳에서 이런 일이 일어날 수밖에 없다."

《유대 국가(Der Judenstaat)》의 표지

유대 국가 건설을 구상한 건 헤르츨이 처음은 아니다. 유대교에선 매년 유월절마다 식사를 마칠 때 "내년에는 예루살렘에서"라고 말한다. 모세 헤스는 유대 국가의 필요성을 강조한 《로마와 예루살렘》을 이미 1862년에 썼다. 레오 핀스커도 1882년에 《자기 해방》에서 비슷한 주장을 펼쳤다. 헤르츨이 이들과 달랐던 점은 유대인 문제를 유대인 내부에서 해결할 문제로 보지 않았다는 것이다. 그에게

유대인 문제는 계몽된 정치가들이 해결해야 할 국제적
문제였다.

헤르츨은 풍차를 향해 돌진하는 돈키호테처럼 거침없이
나아갔다. 기자 신분을 활용해 로스차일드 가문 같은
유대인 거물에게 자신의 정치적 계획에 지원을 요청하지만
거절당한다. 당시 헤르츨은 유대인 거물의 이중적 지위를
이해하지 못했다. 그들은 유럽 각국의 통치자들에게 구애를
받는 엄청난 부자였지만, 동시에 유대인이라는 배경 때문에
관망자로 남아야 했다. 유대인 정치의 신호탄이 될 수
있는 움직임에 직접 관여하지 않고 조심스럽게 움직여야
했다. 정치에 휘말렸다가는 이제까지 쌓아 온 모든 걸 잃을
수 있었다. 그들도 유대인 공동체를 지원하고 있었지만
어디까지나 자선적 행동이었다.

헤르츨은 유대인 고위층의 도움을 얻지 못하게 되자
이번에는 유럽 열강의 정치 지도자에게 눈을 돌린다.
당시 팔레스타인을 포함해 중동 지역은 오스만 제국이
통치하고 있었다. 1896년 6월 헤르츨은 오스만 제국의 수도
콘스탄티노플(현 이스탄불)로 홀로 향했다. 그를 지원하는
조직도 없었고, 여행비도 사비로 충당했다. 이번에도 기자
신분을 이용해 수상을 만난다. 헤르츨은 오스만 제국의

외채를 유대인이 갚아 주는 대신 팔레스타인에 유대 국가를 세우게 해달라고 요청한다. 물론 거부당한다. 나중에 알려진 사실이지만, 협상 당시 그는 자금이 없었다. 일단 합의만 성사되면 자금은 확보할 수 있을 것이라고 믿었다.

몇 번의 실패 이후 헤르츨은 유대 국가 건설의 동력이 유대인의 부가 아니라 유대인의 곤경에서 나올 것이라고 생각하게 된다. 헤르츨은 거물에서 대중으로 타깃을 바꾼다. 그의 책이 여러 언어로 번역되면서 낭만적이고 무모한 그의 생각은 동유럽 유대인 사이에서 호평을 받고 있었다. 또한 그가 유럽의 권력들과 접촉했다는 사실이 알려지면서 빈, 파리, 런던, 동유럽의 유대인 집단에서 화제가 된다. 헤르츨은 1897년 6월 오스트리아에서 독일어로 발행되는 시온주의 신문 《Die Welt》를 창간해 시온주의 운동을 전파하고, 대중의 직접적인 지지를 얻기 위해 시온주의자 회의(The Zionist Congress)를 조직하기로 한다.

1897년 8월 헤르츨은 사재를 털어 스위스 바젤에서 제1회 시온주의자 회의를 개최한다. 유럽 전역과 러시아에서 197명의 대표단이 참석했다. 헤르츨은 이 회의에서 국가 수립 계획을 선포하고, 시온주의 운동을 주도할 조직을 수립한다. 팔레스타인 땅을 사들이기 위한 국가 기금 설립, 은행과

대학 설립 같은 국가 수립에 필수적인 작업들이 이 회의에서
결정된다.

1898년에 열린 제2회 시온주의자 회의. 사진: National Photo
Collection of Israel

성장하는 돈키호테

헤르츨을 연구한 어느 학자의 표현에 따르면 그는
조증에 가까울 정도로 유대인 문제에 열중했다. 헤르츨은
몽상가였다. 그가 처음 팔레스타인에 유대 국가를 세우자고
했을 때 많은 사람이 그를 비웃었다. 헤르츨은 유대 사회는
물론이고 국제 사회에서도 무명이었다. 정치적, 외교적,
경제적 기반도 없었다. 최고위층 모임이나 외교 협상에
참여해 본 적 없는 30대 중반의 유대인 기자였다.

그런 그가 시오니즘 운동에 뛰어든 지 10년도 채 되기 전에 독일 황제, 오스만 술탄, 교황, 영국 장관, 러시아 장관을 만나 유대인 문제를 논의했다. 그는 몽상가인 동시에 실행가였다. 헤르츨의 등장으로 시오니즘은 더 이상 유대인 내부의 문제가 아니게 됐다. 국제 사회의 의제로 자리 잡았다. 유대인 이민 역사 2000년 동안 누구도 하지 못한 일이었다.

몇 년 사이에 헤르츨의 정치력도 빠르게 성장했다. 활동 초기에는 그는 반유대주의에 대한 반감이나 도덕적 명분을 강조했다. 그러나 세계정세를 학습하면서 각국의 이기심을 건드리기 시작했다. 유대인 문제를 인도주의적 차원으로 접근하지 않고, 상대국과 유대인 공통의 문제를 같이 해결하자는 식으로 접근했다.

러시아가 대표적인 예다. 1903년 러시아 키시뇨프에서 유대인 학살이 벌어졌다. 유대인 수십 명이 목숨을 잃고 유대인 상점과 주택이 불탔다. 중세 유럽에서나 벌어질 일이었다. 잔학 행위로 차르 정부는 국제적인 비난을 받고 있었다. 이 시기에 헤르츨은 러시아 내무장관을 만났다. 헤르츨은 차르 정부의 반유대주의 정책을 비난하는 데 시간을 쓰지 않고 바로 해법을 제시했다. 헤르츨은 러시아 유대인의 지위가 차르 체제를 파멸로 몰고 갈 수 있다고 강조했고,

내무장관도 여기에 동의했다. 유대인을 러시아 사회에
통합시키더라도 유대인이 계속 차별을 느낀다면 언젠가
혁명가로 변해 체제를 위협할 수 있다. 유대인을 이대로 둘
수도, 사회에 동화시킬 수도 없다는 것이다. 결국 조직적인
이민을 정부가 지원하는 것이 러시아에 이익이 된다는 논리를
폈다. 즉 러시아의 입장으로 말한 시온주의다.

제1차 시온주의자 회의 이후 헤르츨은 일기에 이렇게 적었다.
"바젤 회의를 한 단어로 요약해야 한다면 다음과 같다.
바젤에서 나는 유대 국가를 세웠다. 오늘 내가 이렇게
말한다면 만인이 웃을 것이다. 그러나 아마도 5년 안에,
확실히 50년 안에는 모두가 그것을 보게 될 것이다."
그리고 50년 후 이스라엘이 건국된다.

1948년 5월 14일 이스라엘이 건국을 선포했다. 사진: Israel Ministry
of Foreign Affairs

1948년 5월 14일 이스라엘 초대 총리 다비드 벤구리온은
이스라엘 텔아비브의 박물관에서 독립 선언서를 낭독한다.
"우리는 이로써 에레츠-이스라엘에 유대인 국가를 수립할
것을 선언합니다." 벤구리온의 머리 위에는 유대 국가의 영적
아버지 헤르츨의 사진이 걸려 있었다.

헤르츨은 이스라엘 건국을 지켜보지 못하고 44세가 되던
1904년에 심장병으로 숨을 거뒀다. 오스트리아 빈의 가족
묘지에 안장됐지만, 유언에 따라 이스라엘 건국 이후인
1949년 예루살렘으로 옮겨져 그의 이름을 딴 헤르츨산에
묻혔다. 예루살렘에서 열린 헤르츨의 장례식은 벤구리온
총리의 말처럼 "애도의 행렬이 아니라 현실이 된 비전의
승리"였다.

지금 우리에게 필요한 건 롤모델이 아니라 레퍼런스다. 테크, 컬처, 경제, 정치, 사회 등 다양한 분야에서 활동하고 있는 혁신가를 인터뷰한다. 사물을 다르게 보고, 다르게 생각하고, 세상에 없던 것을 만들어 내는 사람들을 만난다. 혁신가들의 경험에서 내 삶을 변화시킬 레퍼런스를 발견한다.

동물의 편을 들어야 할 이유는 충분하다

굳이, 동물의 편을 드는 일을 하겠다는 변호사가 있다. 인간의 유희를 위해 수십만 마리가 한꺼번에 죽어 나가는 산천어를 위해, 멋대로 포획되거나 인간으로부터 주거의 권리를 침해받는 남방큰돌고래를 위해 법이라는 방법으로 동물의 편을 들겠다고 한다. 착한 일이라서 하겠다는 것이 아니다. 수년간 쌓아 온 공부와 사유로 내린 결론이다. 그 내용이 한 권의 책에 담겨 나왔다.《정상동물》의 저자, 동물해방물결의 김도희 변호사를 만났다. 인간이 왜 동물의 편을 들어야 하는지 물었다. 신아람이 인터뷰하고 썼다.

동물권 변호사다. 동물의 편을 드는 일을 한다.

편을 든다는 것은 중립적이지 않겠다, 객관적이지 않겠다는
얘기다. 즉, 뚜렷한 입장을 갖고 그것에 대해 책임지겠다는
선언 같은 것이다. 그래서 더 조심스럽게, 더 고민해서
접근해야 한다.

위험을 감수한다는 뜻일 수도 있겠다.

맞다. 누군가의 공격이 있더라도 감수하겠다는 의지의
표현이다. 그리고 함께 동물의 편을 드는 사람들이
많아졌으면 한다.

동물해방물결의 김도희 변호사(가운데). 사진: 동물해방물결

위험을 감수하고서라도 인간이 동물의 편을 들어야
할 이유는 무엇인가?

먼저 인간의 입장에서 보자. 우리가 최근에 겪고 있는 이상한
일들이 있다. 특정 종류의 곤충이 너무 많이, 인간의 주거
지역에서 발견된다거나 극단적인 가뭄이나 홍수로 피해를
당하기도 한다. 이런 일들이 점점 줄어들 수 있는 계기가 될 수
있다.

동물의 편을 들면 가능한가?

그렇다. 넓게 보자. 지구라는 행성으로 시야를 넓혀 보면
인간은 다른 존재와 지구를 함께 점유하고 있는, 일종의 '공동
생활자'다. 서로 먹고 먹힌다. 서로 쓰고 쓰인다. 이런 것들도
다 의존해서 살아가는 형태다. 그리고 의존하는 존재들은
서로 연결되어 있다. 인간 외의 다른 존재의 편을 든다는 것은
인간 중심적 사고를 벗어나 시야를 넓힌다는 뜻이다.

동물의 입장에서는 어떤가?

착취당하는 동물이 줄어든다. 동물원도 줄어들고
실험실에서도 동물을 찾아보기 어려워질 것이다. 인간의
편의에 의해 태어나 살해되는 동물도 줄어들게 된다. 공장식
축산의 규모가 축소될 것이다. 그리고 이러한 동물 해방은
인간 해방과도 맞닿아 있다.

어떠한 면에서 그런가?

홈리스나 장애인 관련된 활동을 하며 보고 느낀 것이다. 중증
장애 등의 이유로 시설에서 생활하는 분들이 있다. 어느
순간, 이분들과 동물원에 갇혀 있는 동물들이 겹쳐 보이기
시작했다. 시설에도, 동물원에도 개인의 은신처라는 것이
없다. 삶과 죽음도 본인의 의지와 관계없이 이루어진다.
자본의 '효율성'에 의해 운영되고 관리되며 통제된다.

듣고 보니 굉장히 유사하게 느껴진다.

한때 '인간'의 권리를 가진 존재는 성인 남성뿐이었다. 역사를

통과하며 '인권'을 가진 존재에 여성이, 아동이, 유색 인종이 추가되었다. 책에도 소개한 콩고 피그미족 남성, '오타 벵가'의 경우를 보면 명확해진다.

동물원에 갇혔던 남성 말인가?

그렇다. 20세기 초 노예상에 의해 미국으로 팔려 온 벵가는 뉴욕 브롱크스동물원에 '전시'됐다. 인간이 영장류로부터 진화했다는 가설을 입증하는 증거로서 말이다. 결국 동물원이 벵가를 풀어 줬지만, 몇 년 지나지 않아 그는 권총 자살을 선택했다.

인간이 '가둘 수 있다'고 착각하는 존재가 여전히 있다.

설령 '자립할 수 있어야 하니까', '돌봐 줘야 하니까'라는 이유가 붙더라도 그것은 오만이며 성의 없는 태도일 수 있다. 이 지구상에서 살아가는 한, 우리는 서로에게 의존한다. 인간과 동물의 관계만을 이야기하는 것이 아니다. 장애인을 '돌보는' 직업인 활동지원사나 요양보호사도 그 돌봄의 대상으로부터 깨닫고 배우는 바가 있다. 유형, 무형의 도움을 받는 것이다.

함께 산다는 것은 상호 작용이라는 얘기다.

중증 장애를 가진 분도, 고양이도, 돌고래도, 돼지도 각자의 필요와 취향이 있다. 안 보여서, 안 들려서 무시해 왔을 뿐이다. 더 관심을 가지고, 충분히 시간을 들여서 보고, 들어야 한다.

왜 우리는 보지도, 듣지도 않았을까?

우리가 어떤 존재를 '효용성'의 관점에서 바라보기 때문이다. 예를 들면 노동할 수 있느냐, 아니냐.

기여할 수 있느냐, 아니냐의 문제 말인가?

2차 세계 대전 당시 나치라든가 이탈리아의 전체주의 등을 생각하면 쉽다. 국가의 목표에 부합하지 않는 존재들은 당연히 도태된다, 마땅히 그러하다는 인식이 있었다. 그 결과

T4와 같은 장애인 말살 정책이 자행되지 않았나. 목표에 부합한다면 과정은 어떻게 되든 상관없다는 생각, 인간도 효용으로 판단한다는 생각이다.

신간 《정상동물》. 사진: 은행나무

이번에 출간된 책의 제목, 《정상동물》과 맞닿아 있는 문제의식이다.

'정상 가족' 이데올로기가 있지 않나. 가족의 모습이 '이러해야 한다'는, 만들어진 정상성을 강요한다. 동물을 향한 우리의 태도에 닮은 구석이 있다. 인간의 필요와 목적을 근거로 동물의 '정상성'을 상정하고, 그것을 달성하기 위한 과정에서 모든 것이 정당화된다. 인간의 이익을 위해 동물이 강요당하고, 착취당하고, 몰살당한다. 그런데 그런 사실이 은폐되거나 외면당한다. 정상성이라는 당위적 목적이 있기 때문이다. 그래서 좀 부담스럽긴 했지만, 책의 제목을 《정상동물》로 결정했다. 또, 인간이 동물 층위의 정상에 있는 존재라는, 잘못된 생각을 꼬집고자 하는 의도도 담겼다.

동물을 인간의 도구로 보는 시각은 오랫동안 지속돼 왔다.

동물뿐만이 아니다. 경제적인 관점에서 보자. 여성이나 아동의 노동력, 저개발 국가나 식민지 주민들의 노동력은 정당한 대가를 받지 못했다. 아주 오랫동안 그러했으며 여전히 일어나고 있는 일이다. 이런 사람들의 기여가 있었기 때문에 자본주의가 지금까지 올 수 있었다. 가려진 노동이다.

지금의 풍요로움은 계산에 들어가지도 못한 노동이 있었기 때문에 가능했다는 얘긴가?

화석 연료도 마찬가지다. 인간이 마음대로 써도 되는 것으로 여겼다. 그러나 이제는 탄소 배출에 비용이 붙는다. 가려진 노동도 측정되고 비용이 지급되어야 한다. 그리고 동물의 노동도 마찬가지다.

동물을 노동하는 존재로 보는 시각은 신선하다.

인간은 동물의 존재를 당연히 이용할 수 있는 자원으로 생각해 왔다. 동물원에서 쇼에 등장하는 돌고래, TV 드라마 촬영을 위해 혹사당하는 말, 실험실에서 고통받는 동물 등 그 예는 너무나 많다. 동물을 소유물이나 재산으로 생각하는 인식을 내려놓는 것이 중요하다.

우리의 풍요도 어느 정도 내려놓아야 할지 모른다.

인간과 비인간의 관계는 지금 잘못돼 있다. 그러한 잘못된 관계에 기반한 발전을 계속해 왔기 때문에 지금이

'자본세'라는 주장도 나오는 것이다.

'인류세'는 익숙하다. 자본세는 좀 생경하다.

플라스틱과 닭 뼈가 지층에 켜켜이 쌓인, 인류가 지구 지질이나 생태계에 미친 영향을 강조하기 위해 제안된 지질 시대 구분이 인류세 아닌가. 그런데 그 명칭이 좀 모호하다는 얘기다. 지구 환경의 극적인 변화가 모든 인류의 책임처럼 비치기 때문이다. 문제를 정확히 진단해야 그에 대한 해법도 도출할 수 있지 않겠나.

그럼, 진짜 문제는 무엇인가?

자본주의적 생활 양식과 활동, 사회 구조 때문이다. 급격한 산업화를 겪으며 인류는 한계치 이상의 부담을 지구에 지워 왔다. 끝없이 발전하기 위함이다. 자본주의의 속성이다. 그리고 이러한 사회 구조가 유지돼 왔던 것은 동물을 포함한 약자들의 보이지 않는 노동, 제대로 대가가 지급되지 않은 노동이 있었기 때문에 가능했다.

자본세를 거부한다면, 우리는 어떻게 해야 하나?

가장 쉬운 방법은 자본주의가 발생하기 이전의 지구의 모습을
상상해 보는 것이다. 그래서 '리와일딩(rewilding)' 실험이
좋은 힌트가 될 수 있지 않을까 싶다.

　　새로운 용어가 또 나왔다.

인간의 개입을 최소화하면서 인간의 영향력이 크지 않았던
시기의 공간을 스스로 회복하도록, '방치'해 보는 실험이다.
물론 한계가 있다. 하지만 우리가 방향을 틀어 보기로
결정했다면, 다음엔 어디를 향해야 할지 상상해 보는 데에
좋은 예시가 될 수 있다고 생각한다.

　　시대는 확실히 인류세든 자본세든 진입했다. 하지만
　　모두의 인식이 달라진 것은 아니다.

그래서 사람들에게 좀 스며들게 하고 싶다. 경험하고 느끼는
과정이 필요하다고 생각한다. 흔히 동물권이나 비거니즘이
단순히 동물 착취에 반대하는 것, 동물을 먹지 않는 것으로

생각할 수 있다. 그런데 더 넓은 의미다. 소비자본주의에
반대하는 삶의 방식이다. 각자의 삶과 맞닿아 있는 부분부터
차근차근 바꿀 수 있다. 건강을 위해 채소를 더 먹겠다는
식으로 말이다. 환경을 고려한 소비도 있을 수 있겠다.

동물해방물결이 2021년 추적한 한 도살장에 갇힌 개들의 모습.
사진: 동물해방물결

하지만 최근 정치권에서 급물살을 타고 있는 '개 식용
금지' 관련된 논란을 보면 벽이 높게 느껴지긴 한다.

산업에 종사하고 계시는 분들에 대한 지원책을 당연히
고민해야 한다. 연착륙하도록 하는 것이 정부의 역할 아닌가.
다만, 사회적 논의 기구가 2년 넘게 운영됐지만, 어떠한

합의점도 찾지 못했다는 점도 생각해 봐야 한다. 교착 상태가 된 지 오래다. 그렇다고 법을 통과시키지 않고 내버려두면 그것도 책임 방기다.

법안은 통과돼야 한다는 입장이다.

지원의 근거와 방법이 당장 법에 구체적으로 담겨 있지 않더라도 정책적으로 충분히 가능한 부분이다.

어쨌든 법안 통과는 가시권 안에 들어왔다. 개 식용 종식. 어떤 의미인가?

한 종에 대한 산업화를 끝낸다는 의미다. '개'니까 특별하다, 소나 돼지, 닭과는 다르다는 논리도 누군가에게는 설득력이 있을지 모른다. 하지만 크게 보면, 인간과 동물의 관계 속에서 여러 종을 가축화하고 산업화해 왔다는 점을 주목할 필요가 있다. 개 식용 종식은 그 여러 종 중에 한 종에 대한 산업화를 멈추겠다는 얘기다.

그럼 개 다음으로 산업화를 멈춰야 할 종을 꼽는다면.

다양한 의견이 있다. 개인적으로는 '소'를 이야기하고 싶다. 동물권의 문제의식은 다른 문제, 특히 기후 위기 문제와 밀접하게 연결되어 있다. 그런 면에서 소는 당사자에 해당한다. 가까운 이해관계자다.

배양육과 같은 과학 기술이 해결해 줄 수는 없을까?

현재는 그렇지 않다. 생산 과정의 윤리 문제와 탄소 배출 문제가 있다. 미래엔 가능할 수도 있다. 그러나 여전히 근본적인 지점까지 해결해 주지는 못한다. 우리가 '먹는 행위에 대한 고민'을 끊임없이 해야 한다는 점이다. 내가 무엇을 먹고 있는가. 내가 먹고 있는 것은 어디서 어떻게 왔는가 하는 고민이다. 이걸 멈추면 안 된다. 이 고민을 과학이 대신 해결해 줄 수 있다는 편견을, 배양육이 쌓는다면 인간은 지구에서 함께 살아가고 있는 공동 생활자의 의무를 저버리게 된다.

마치며

요 몇 년간 인류의 지상 목표는 '생존'이다. 팬데믹으로부터, 전쟁으로부터, 경제적 추락으로부터 살아남는 것이 지상 과제다. 위기가 아닌 때가 없고, 극복하지 않아도 될 때가 없다. 오늘까지 아득바득했으면, 내일은 좀 너그럽고 싶은데 그게 안 된다. 그럴 때 인류는 어리석은 선택을 하곤 했다. 90여 년 전, 히틀러의 나치당이 총선에서 승리했던 때처럼 말이다. 지극히 민주적인 선거였다. 대공황으로 인해 망가져 있던 독일의 경제 상황이 유권자의 판단력을 흐렸을 뿐이다. 2024년 선거의 해를 앞두고 돌아봐야 할 지점이다. 말 뒤에 숨겨진 진의에 귀 기울여야 할 이유다. 이미지가 덮어 둔 속셈을 들춰 봐야 할 이유다. 이렇게 2023년보다 더 치열하고 독해질 2024년을 실컷 해설해 두고는, 마지막 차례로 실은 인터뷰가 너무 다정한 것은 아닌지 고민했다. 하지만 비인간과 함께 살아갈 수밖에 없다는 그 다정한 이야기가 가장 강력한 경고일지도 모른다. 우리가 발전보다, 성장보다 더 앞서 생각해야 할 중요한 가치가 있다는 경고 말이다.